LA DICTATURE
DES SYNDICATS

Bernard Zimmern

LA DICTATURE DES SYNDICATS

Albin Michel

22, rue Huyghens, 75014 Paris
www.albin-michel.fr
ISBN 2-226-14209-6

Avant-propos

Je voudrais remercier tous ceux qui m'ont aidé à préparer cet essai, et d'abord mes collègues de l'iFRAP, l'Institut pour la recherche sur les administrations publiques, association que j'ai créée en 1985 pour comprendre les causes de l'étouffement administratif menaçant l'entreprise que j'avais fondée quinze ans plus tôt. Cet essai reprend les articles que nous publions dans *Société civile*, le mensuel de l'iFRAP ; ils sont le fruit des investigations de nos huit enquêteurs dans et sur l'administration. Je voudrais en particulier remercier Alain Mathieu, vice-président de l'iFRAP, qui a rédigé le chapitre sur le SNUI, Laura Bernardi celui sur chômeurs et syndicats, Anna Stellinger sur le syndicalisme en Suède et Dan Hagi tous ceux concernant les services publics ; ainsi que Nicolas Lecaussin, rédacteur en chef de *Société civile*, pour l'aide qu'il m'a apportée sur l'ensemble du manuscrit. Nous espérons qu'en faisant connaître ce qui se passe au sein de nos administrations et reste soigneusement caché du public, nous contribuerons au retour d'une fonction publique responsable, celle que j'ai connue lorsque j'étais jeune administrateur civil. Et que toute la collectivité, y compris les fonctionnaires, bénéficiera de moins d'État pour mieux d'État.

B. Z.

Introduction

La fin du syndicalisme ?

Le syndicalisme est en recul presque partout dans le monde. Mais il l'est particulièrement en France, devenue la lanterne rouge de l'Europe avec un taux de syndicalisation qui n'atteint pas 10 % des effectifs salariés.

Et pourtant les syndicats français apparaissent en même temps au faîte de leur puissance ; ils ont contribué à la chute du Premier ministre Alain Juppé en 1995, ont fait chuter le ministre des Finances Christian Sautter en 2000, et sont la menace que redoute le plus le ministère Raffarin, encore plus que la crise économique. Comment sinon expliquer qu'après une première avancée en matière de retraite avec l'alignement des durées de cotisation du public sur le privé, mais où encore énormément reste à faire, le gouvernement ait décidé de s'en tenir là ?

Comment expliquer qu'il ait refusé de s'attaquer aux régimes spéciaux – Banque de France, RATP, SNCF, etc. – qui sont des gouffres payés par le Budget ? Alors que la France a de loin beaucoup trop de fonctionnaires, que le gouvernement sait qu'il est impossible de rétablir l'équilibre budgétaire à terme sans en réduire le nombre, alors qu'Alain Lambert, ministre du Budget, a suggéré qu'il n'y ait qu'un remplacement sur deux des départs en retraite, comment expliquer que Jean-Pierre

Raffarin, dans une déclaration du 5 août 2003, avant de partir en vacances, annonce l'abandon de cet objectif et des réductions purement symboliques ? C'est la peur des grèves et d'un automne très chaud – que lui prédisait néanmoins José Bové.

La source de cette puissance est à première vue évidente : si le syndicalisme a virtuellement disparu des entreprises du secteur privé, il garde des bastions pour l'instant imprenables dans la fonction publique et les entreprises nationales, du moins celles qui sont encore en situation de monopole : la SNCF, la RATP, la DGAC[1] ou La Poste. Il s'est considérablement affaibli dans les entreprises publiques qui se sont ouvertes à la concurrence, Air France ou France Télécom par exemple. Or, qui dit monopole dit service indispensable au fonctionnement de notre société : La Poste, le transport par rail, le trafic aérien. La grève devient alors l'arme absolue qui peut totalement bloquer un pays.

Et là naît une première source d'étonnement. Ces monopoles existent dans la plupart des autres pays : Allemagne, Suède, Grande-Bretagne, États-Unis, etc., mais n'ont pas conduit à faire des syndicats le second pouvoir, l'alter ego du pouvoir politique.

Il est vrai qu'à un moment ou à un autre, ils ont fait trembler les régimes en place. La lutte entre les syndicats des mineurs anglais et Margaret Thatcher a été un tournant dans l'histoire de l'Angleterre et a signé la fin de la toute-puissance des trade-unions anglais. Ronald Reagan a lui aussi brisé toute tentative de terrorisme en cassant la grève des contrôleurs aériens en 1981, ce qui a tué dans l'œuf tout espoir des syndicalistes américains de redevenir une force politique majeure.

---

1. Direction générale de l'aviation civile, qui englobe le contrôle aérien.

Pourquoi les syndicalistes français, numériquement les nabots du monde occidental, peuvent-ils terroriser ainsi nos élus au point de mettre la France à leur merci ? C'est l'explication de ce paradoxe qui constitue l'objet de cet essai. Mais, question intimement liée, quel est l'avenir des syndicats en France ? Force de progression de notre société à qui nous devons nombre des lois sociales qui ont amélioré la condition de tous les hommes, les syndicats sont-ils encore une force de progrès ou au contraire d'irréductibles opposants au changement ? Sont-ils devenus seulement les défenseurs des privilèges et des privilégiés ?

Première partie

L'État aux mains des syndicats

Mais de quelle paralysie est donc frappé le gouvernement français ? Alors qu'il dispose d'une majorité comme peu de gouvernements en ont connu, alors que l'opposition de gauche ne s'est pas encore remise de sa défaite et continue de se déchirer, alors que l'horizon économique est sombre et lui donne la légitimité que la gravité de la situation donne au bistouri chirurgical, le voilà qui recule et repousse aux calendes grecques les mesures les plus urgentes.

Malgré les promesses de réformes drastiques, ce gouvernement ne fait que suivre l'exemple de ceux qui l'ont précédé : reculer les mesures urgentes en en confiant l'étude à de savantes commissions qui parviennent toutes aux mêmes conclusions et attendent la commission suivante pour pouvoir redire les mêmes choses. Et la France continue de s'enfoncer sous le poids des problèmes non résolus, des décisions non prises.

Les relations de l'État avec les syndicats sont complexes : il en a peur car c'est le seul pouvoir capable, comme l'histoire récente l'a montré, de mettre son autorité en échec. Mais en même temps, il les glorifie en en faisant ses interlocuteurs privilégiés dans ce qui est devenu le rituel du « dialogue » entre les « partenaires sociaux ».

Ce rituel a été consacré en 1968 lorsque le gouvernement du général de Gaulle a intronisé les syndicats dits représentatifs. Nous verrons dans quelles circonstances est née cette représentativité, mais on doit se demander ce que les syndicats représentent vraiment.

Ils ont en effet presque entièrement disparu du secteur privé et n'existent plus que dans le secteur public. Et on doit se demander qui prend les décisions et quelle légitimité à représenter l'intérêt général ont ceux qui ont pris le contrôle de l'État.

Le déclin des syndicats français

Le contraste est saisissant entre le pouvoir syndical et son poids numérique de plus en plus faible.

On comprend qu'en Suède la plupart des décisions soient prises avec leur accord ou même sur leur suggestion car 90 % des salariés suédois sont syndiqués. Mais que penser de la France quand on regarde le graphique ci-contre ?

Certes, la France n'est pas le seul pays où les syndicats ont régressé ; partout, dans le monde, ils sont en recul.

Les causes du déclin sont assez claires : le syndicalisme pur est celui auquel nous devons l'interdiction de travail des enfants, l'assurance sociale, les 40 heures, etc. ; il est l'enfant du taylorisme, du travail à la chaîne, des cadences infernales, des temps chronométrés, il est l'enfant de l'aliénation qui transforme l'homme en machine et qu'a si bien décrite la philosophe Simone Weil. C'est contre cet asservissement que se sont dressés tant d'intellectuels, même des polytechniciens qui, comme Dollé ou Huffschmidt, se sont immergés dans le monde ouvrier en étant OS à la Régie Renault, pour devenir ensuite des leaders syndicaux et des militants actifs de la CGT.

Les syndicats français, derniers de la classe en Europe

Taux de syndicalisation en Europe

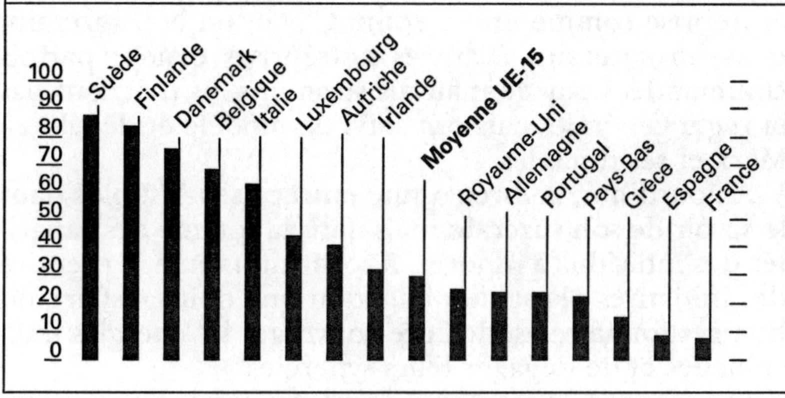

Source : Rapport sur la représentativité, première partie. Commission européenne, 1999, FFT, Eurostat.

Mais le monde qu'ils ont connu a pratiquement disparu par suite d'une double transformation. La première est que les chaînes, la production manufacturière, l'OS ont considérablement reculé grâce aux progrès de la productivité et représentent moins de 20 % de la population au travail, les activités de services ayant littéralement capté plus de 40 % de la population active en moins d'un demi-siècle, et ayant fait chuter la part des fabricants de plus de 60 % à moins de 20 % de la population active.

Or, les activités de services supposent une certaine initiative et une autonomie des agents, s'accompagnant d'une élévation du niveau de formation, peu compatibles avec le syndicalisme ; celui-ci est d'abord une organisation de masse, proche des organisations militaires où compte d'abord la soumission à une idéologie, à une hiérarchie, à des mots d'ordre et qui hait toute affirmation du moi individuel.

Nous sommes aujourd'hui très loin de l'entreprise créée par un grand-père, centralien, qui était le seul pratiquement à détenir le savoir et qui opérait dans son entreprise comme un suzerain. C'était un bon suzerain, mais un suzerain. D'autres entreprises étaient parfois commandées par de mauvais suzerains, ils n'étaient pas la règle générale mais ont servi de modèle et de cible à Marx et ses disciples.

Aujourd'hui, la force d'une entreprise n'est plus dans le savoir de son suzerain mais dans la somme des capacités des individus à innover, à sortir du moule, à prendre des initiatives ; la seule obligation que doit satisfaire un bon gestionnaire est de faire converger les énergies individuelles et de dégager leurs synergies.

La seconde raison du recul syndical est que les méthodes qui dominent le tertiaire se sont implantées même dans le secteur manufacturier, où des firmes comme Toyota ont mis en avant l'initiative personnelle, la pleine réalisation des individus dans leurs postes de travail à travers les « cercles de qualité ».

L'OS au travail n'est plus un rouage mécanique et aliéné, dont la survie en tant qu'être humain dépend de sa capacité à effectuer des gestes répétitifs tout en continuant de rêver sur son lieu de travail ou de son appartenance syndicale, mais un responsable qui, aussi bas soit-il dans l'échelle, sait qu'il est maintenant indispensable et se voit donner des responsabilités et des possibilités d'initiative qui le valorisent.

Pourquoi leur développement dans les services publics ?

Ce qui conduit a contrario à se demander pourquoi le syndicalisme s'est tellement développé dans les services publics. Serait-ce parce que, dans notre société, ce sont dans les services publics que l'individu serait le plus aliéné, écrasé par une machine bureaucratique qui l'ignore comme individu et qui ne le connaît que comme objet de réglementation, comme matricule ? Serait-ce parce que la bureaucratie est une machine à désespérer non seulement ceux qui sont ses clients mais ses propres agents ?

Il aurait fallu à nos dirigeants syndicaux une extraordinaire vision de l'histoire et une grande abnégation en matière de perspective de carrière pour lancer leurs organisations vers des voies nouvelles.

Certains, auxquels il faut rendre grâce, ont esquissé une telle révolution, au premier plan desquels il faut citer Nicole Notat. Mais il est tellement plus facile de s'emparer des défauts du système pour le gérer à son avantage, et c'est comme cela que des leaders comme Marc Blondel se sont saisis d'un système bureaucratique défaillant pour satisfaire leur volonté de pouvoir.

Comme toutes les autres institutions dans lesquelles l'État s'est mêlé d'intervenir sans que ce soit l'une de ses missions régaliennes (police, justice, défense), les syndicats se meurent du régime d'exception qui leur a été octroyé, à l'origine de toutes les dérives.

À vouloir éviter l'affrontement, le pouvoir n'a-t-il pas lui-même jeté les bases de la dictature des syndicats ?

Chapitre I

Le droit de grève permanent

Le droit de grève est inscrit dans la Constitution française mais pas dans la Déclaration des droits de l'homme. Autrement dit, ce n'est pas un principe universellement reconnu ; ou, plutôt, l'affirmation simple de ce droit, sans les codicilles visant à le réglementer, conduit à des situations qui sont antagonistes d'autres droits aussi légitimes et respectables, et ne permettent donc pas d'en faire un droit absolu comme le droit de vote ou la liberté religieuse.

Faire la grève, ce n'est pas, en effet, seulement retirer à l'employeur le bénéfice du travail du salarié. Cela, en soi, serait légitime dans la mesure où les conséquences se limiteraient à la rupture d'un contrat de travail, pour autant que ce contrat n'ait pas exclu ce droit.

C'est le cas dans beaucoup de pays où le droit de grève est interdit à certaines professions (police, justice, contrôle aérien, etc.) car l'arrêt de travail du salarié a des effets collatéraux sur des tiers qui ne sont pas parties au contrat, c'est-à-dire les usagers des services publics.

Tous les avantages qui s'attachent à la fonction publique – statut, garantie de l'emploi, protections accrues contre les sanctions, droit à la retraite, etc. – ont une contrepartie : les intéressés restent au service du public et n'ont pas le droit de faire grève, encore moins de prendre le public en otage.

C'est toute la différence qui existe en matière de droit de grève entre transporteurs privés et transporteurs publics dotés d'un monopole, comme la SNCF, la RATP ou, pis encore, le contrôle aérien.

Il est tout à fait légitime pour les conducteurs de camions de faire grève mais pas de bloquer les routes. Il l'est beaucoup moins pour les contrôleurs aériens de bloquer la circulation aérienne de la moitié de l'Europe, alors qu'aucun enjeu d'intérêt général, sinon leurs propres intérêts particuliers, n'est en cause. Bien entendu, à chaque fois, les syndicats tentent de s'abriter derrière la façade de la défense de la sécurité, mais aucune statistique ne démontre que celle-ci est mieux assurée en France, avec proportionnellement six fois plus de contrôleurs qu'aux États-Unis !

Le syndicalisme radical

Le syndicalisme a toujours eu ses radicaux, les groupuscules les plus extrémistes, qui n'hésitent pas à faire appel à la force et même à la violence pour parvenir à leurs objectifs. Ce qui est plus nouveau en revanche, c'est le développement d'un syndicalisme voyou qui dans l'ombre essaie d'étendre son influence par des méthodes souvent illégales.

Un certain extrémisme est inscrit dans le syndicalisme dès ses débuts ; le piquet de grève qui interdit l'accès de l'usine aux salariés non grévistes ou aux « jaunes » que le patronat recrute pour briser la grève est une quasi-constante de tout débrayage.

À cet égard, le blocage des voies ferrées par des motrices placées sur les aiguillages, la prise de contrôle par quelques grévistes des points névralgiques ou l'interdiction physique, par quelques meneurs décidés, faite aux conducteurs non grévistes de monter sur leurs motrices, faits divers qui ont émaillé les mouvements de mai à juin 2003, ne sont pas fondamentalement différents du blocage des magasins Virgin pour empêcher leur ouverture le dimanche ou de la séquestration du directeur du Crédit foncier de France dans son bureau, lors de la liquidation de cet organisme. Tout directeur, tout patron d'une usine ou d'une entreprise sait qu'il peut un jour avoir à affronter physiquement des grévistes, même si ce n'est pas inscrit dans son contrat de travail. Et sur ce point, il n'est pas inutile d'être grand et fort car l'apparence a toujours impressionné ceux qu'on peut appeler d'une autre façon des mutins.

Tout commence au niveau des assemblées générales où se vote la grève et dont l'organisation est rarement régulée. En l'absence d'un règlement et d'un vote à bulletins secrets, c'est toujours la minorité radicale qui l'emporte dans la fumée et le brouhaha d'une assemblée générale décidant à main levée.

Cela a été l'une des grandes réformes du gouvernement Thatcher en Grande-Bretagne que de réglementer le vote de la grève.

En France rien de tel. Dans un pays qui se vante d'être à la pointe de la démocratie, il n'existe aucune loi qui interdise à une minorité agissante d'imposer sa volonté à la majorité que, pour la circonstance, on peut bien appeler silencieuse, sous couvert d'un vote qui se donne un caractère légitime mais qui n'est qu'une mascarade.

Il n'est guère étonnant que notre pays voie ainsi le développement de mouvements d'inspiration trotskiste, dont les membres sont entraînés dès leur prime jeunesse à prendre le contrôle d'assemblées réunies pour des motifs souvent très prosaïques et, avec quelques éléments très décidés, à les transformer en assemblées révolutionnaires, au grand dam de ceux qui se sont joints à ces manifestations en toute bonne foi.

On rappelle au passage, pour les lecteurs qui l'ignoreraient, que dans toute assemblée, le pourcentage d'individus militants, ayant adopté une cause et capables d'employer leurs efforts et leur temps pour la faire triompher, ne dépasse pas quelques unités. Plus de 90 % sont constitués de « suiveurs », c'est-à-dire d'individus qui peuvent très bien prétendre afficher une opinion sur n'importe quel sujet mais qui n'ont jamais pris le temps d'approfondir leurs convictions ou de les remettre en cause.

C'est particulièrement redoutable dans la fonction publique où le pouvoir de résistance de la hiérarchie est extrêmement faible sinon nul.

L'action violente est-elle justifiée, même si elle est rarement légitime ?

Une forme de violence de plus en plus répandue consiste à s'en prendre non aux personnes mais à l'outil de travail : grévistes jetant dans la rivière voisine du matériel à Metaleurop, grévistes s'en prenant aux systèmes de sécurité à la centrale atomique du Bugey, fonctionnaires s'attaquant aux programmes informatiques du ministère des Finances pour essayer de bloquer les paies.

Dans notre société devenue très complexe et informatisée, il existe d'ailleurs un danger permanent de voir les éléments les plus extrêmes pénétrer les systèmes informatiques, soit pour en extraire des informations qui devraient rester confidentielles, soit même pour bloquer le fonctionnement de ces systèmes afin d'arracher des concessions.

Et là, nous sommes au cœur de la violence syndicale, lorsqu'elle prend en otage le public pour faire aboutir ses revendications, en forçant le pouvoir politique à se soumettre. Cette violence antidémocratique est insupportable et ne devrait plus être tolérée.

Une première réponse à la grève dans les services publics est apportée par le service minimum, une loi qui assurerait que le client du métro soit transporté même si, en période de grève, il se trouve écrasé dans des voitures bondées, dans des conditions de transport proches de celles de son condisciple infortuné, le Tokyoïte[1]. Il faut ici saluer une proposition de loi du député Jacques Kossowski[2], que l'association Contribuables associés a contribué à faire signer par une large majorité des députés de l'Assemblée nationale et qui serait un net progrès sur le service minimum.

Mais l'Assemblée sera-t-elle suivie par le gouvernement ? Aura-t-il le courage de faire voter une loi qu'il va lui falloir appliquer ? De telles dispositions postulent un pouvoir politique prêt à faire appliquer la loi et s'en étant donné les moyens.

1. À Tokyo, on connaît le *sushizume*, littéralement la compression du sushi, cette boulette de riz avec du poisson que le *sushishokunin* comprime avec les doigts. Cent est l'indice d'occupation maximale normale d'une voiture. Il est courant de dépasser 200 aux heures de pointe (8 heures du matin et 17 heures) avec des agents spécialement chargés, sur les quais, de pousser les voyageurs pour permettre la fermeture des portes. Cela pose de délicats problèmes de respiration pour les individus les plus petits mais sert aux hommes dont les mains sont très aventureuses...

2. Qui serait plus contraignante que le service minimum, notion vague ; la proposition de loi de Jacques Kossowski du 24 juillet 2002 confinerait le droit de grève entre 10 heures et 17 heures, ce qui permettrait à la plupart de se rendre à leur travail et d'en revenir. Dans certains pays, la grève est interdite dans la journée où elle affecterait le droit au travail des citoyens et permise seulement la nuit.

Le succès du président Reagan, lors de la grève des aiguilleurs du ciel en 1981, n'a été possible que parce que, d'abord, la grève ne s'est pas étendue à d'autres secteurs publics ou privés ; ensuite, parce que le contrat liant les aiguilleurs et le gouvernement fédéral interdisait la grève et donc donnait sa légitimité à leur licenciement ; tertio, enfin, parce que le gouvernement américain avait mis sur pied, bien avant le déclenchement de la grève, toute une série de dispositions permettant de limiter les effets de cette grève : remplacement provisoire des contrôleurs aériens civils par des contrôleurs aériens militaires, mise en place de nouvelles procédures interdisant à un avion de décoller sans s'être assuré qu'il puisse atterrir sans avoir à tourner des heures au-dessus de l'aéroport, dans une file d'attente. Ce qui était le cas avant la grève mais compliquait sérieusement la tâche des contrôleurs obligés de suivre parfois des dizaines d'avions empilés sur des cercles comme des assiettes au-dessus des destinations les plus encombrées, comme New York, Atlanta ou Chicago.

Le service garanti ou, alternative, le service minimum évoqué par le président Chirac pendant la dernière campagne présidentielle pour y renoncer aussitôt, ne sont pas les seules mesures qui permettent de faire de la grève un droit acceptable en limitant ses conséquences sur des tiers innocents. D'autres mesures peuvent être aussi efficaces, même si elles sont moins spectaculaires, en évitant les chocs frontaux.

On ne peut passer sous silence les limitations obligeant les syndicats à respecter des périodes de préavis ou, comme à la RATP, l'« alarme sociale ». Mais à la SNCF, les syndicats ont trouvé la parade en déposant des préavis systématiquement pour les jours à venir, par exemple de septembre à octobre 2003, de façon à faire entrer toute grève déclenchée du jour au lendemain dans le cadre de la légalité. C'est en réalité un détournement de la législation sur laquelle on ferme, à tort, les yeux.

La formule du préavis est également appliquée aux États-Unis où non seulement le droit de grève est interdit dans les services publics mais où, même dans les entreprises privées, le président a le pouvoir d'imposer une période de négociation. Elle n'est pas de trois jours comme en France, mais atteint soixante jours pour des services privés capables d'affecter l'ensemble du public, comme les dockers dans les ports ou le personnel des compagnies d'aviation. Le président peut en outre imposer aux syndicats l'interdiction de la grève en attendant les conclusions d'un arbitrage.

Mais toutes ces dispositions resteraient lettre morte si l'État se révélait incapable de faire appliquer la loi par la menace d'une punition, c'est-à-dire si l'infraction ne risquait pas de se traduire, pour les syndicats, par des dommages considérables. Et l'arme qui permet de faire respecter la loi sous le contrôle d'un juge, c'est l'arme financière : faire payer les syndicats en cas d'infraction.

En 2000, un syndicat de pilotes d'American Airlines a voulu empêcher l'intégration de pilotes de compagnies absorbées par cette entreprise. Comme leur contrat leur interdisait de faire grève, ils ont voulu contourner cette interdiction par ce que l'on peut désigner comme une grève du zèle mais étendue bien au-delà de la limite du raisonnable : refus de faire décoller un 747 parce qu'une cafetière électrique ne fonctionnait pas, refus d'un pilote de prendre son poste de commande parce que les nuages étaient trop bas (avec un ciel bleu parsemé de quelques cumulo-nimbus, signe de beau temps) ou, tout simplement, refus du pilote de rejoindre son poste pour anxiété personnelle... Très rapidement, American Airlines se retrouva avec des dizaines de milliers de passagers bloqués dans les aérogares avec les conséquences prévisibles : perte de recette journalière en dizaines de millions de dollars, mais surtout perte de prestige et donc de clientèle dans une industrie atrocement compétitive. C'est alors qu'American Airlines ayant porté plainte auprès d'un juge de Dallas (où se situe le siège de la compagnie), celui-ci donna l'ordre aux pilotes d'interrompre leur mouvement sous peine d'avoir à payer une astreinte journalière se montant à des dizaines de millions de dollars, ce qui aurait mis les finances du syndicat à zéro en une dizaine de jours et provoqué sa mise en liquidation. Après avoir hésité deux ou trois jours et sous le coup d'une seconde injonction, le syndicat finit par donner l'ordre d'arrêter sa grève du zèle.

Faire appel, lorsque les syndicats enfreignent la loi, à leur responsabilité en les sanctionnant là où le bât blesse, c'est-à-dire leur situation financière, serait une solution raisonnable et efficace. Raisonnable parce que la sanction financière est la première des sanctions à laquelle chacun de nous est exposé à titre individuel ou collectif – association ou société –, lorsqu'il transgresse la légalité. Efficace parce qu'elle changera les comportements. En son absence, comme c'est le cas chez nous, la conjugaison de la faiblesse des gouvernements successifs en matière de retenue pour jour de grève[1] avec les indemnités payées par les syndicats font que les grévistes n'encourent, en pratique, que des pénalités symboliques (quand il y en a !). Alors pourquoi ne pas faire grève de façon massive à la moindre contrariété ? Ce sont des journées de vacances comme d'autres où il suffit d'apparaître à un meeting ou à un défilé une heure ou deux et

1. Rappelons qu'en vertu de la jurisprudence Omont, une journée de grève donne lieu à une retenue d'un trentième du salaire mensuel et que les week-ends devraient être inclus dans ce décompte si le salarié est en grève un vendredi et un lundi consécutifs. Mais les ministres ont pris l'habitude de ne pas appliquer cette décision du Conseil d'État et de ne pas retenir les jours de congés.

passer le reste de la journée à des occupations plus personnelles.

Ces provocations permanentes seraient rendues beaucoup plus difficiles si les syndicats étaient sanctionnés sur leurs fonds et ainsi interdits, en cas de mouvement illégitime, de payer les absents. Mais leurs caisses sont, légalement, en pratique intouchables. Une autre exception française…

Chapitre II

Les finances des syndicats hors la loi

Dès que l'on aborde le sujet de « l'argent des syndicats », le ton de la conversation baisse, les regards se font entendus, nous entrons dans un domaine dont il vaut mieux ne pas parler car il est aussi trouble que celui, autrefois, du financement des partis. Il est vrai que l'on sait peu de chose en la matière pour la bonne raison que la loi a organisé ce secret.

Les syndicats sont en effet les seules institutions reconnues par l'État qui n'ont pas à produire de comptes, qui n'ont même pas à tenir une comptabilité et qui, de ce fait, échappent à tout contrôle. La loi a mis leurs finances littéralement hors la loi.

Les entreprises doivent établir des bilans et comptes d'exploitation qui sont disponibles dans les greffes et maintenant accessibles par Internet ; toute association bénéficiant de subventions tant soit peu importantes doit fournir ses comptes détaillés à la préfecture de son siège et aux administrations qui la subventionnent ; les administrations centrales sont soumises au contrôle de la Cour des comptes, les administrations locales des communes, départements, régions à celle des chambres régionales des comptes.

La seule institution en France dont on n'exige aucune transparence est le syndicat. Cet état de fait découle des articles 410 et 411 du Code du travail qui définit le syndicat professionnel comme un « animal » très différent des autres espèces créées par la loi (la société anonyme, l'association, etc.). On sait qu'en France, il ne peut exister de personne morale que la loi n'autorise pas et elle a fait naître le syndicat avec toute une série d'attributs qui font pâlir d'envie d'autres institutions à but non lucratif comme l'association (dite loi de 1901).

Le syndicat dispose en effet de droits que n'a pas l'association[1], celui de pouvoir acquérir à titre gratuit (donation) des immeubles, d'avoir des locaux insaisissables même s'il s'agit de bâtiments d'habitation comme des HLM, de pouvoir établir des offices de placement, des mutuelles, de subventionner des coopératives de fabrication et de consommation, etc. À tous ces avantages, une seule condition : un syndicat doit être constitué de personnes partageant un même intérêt professionnel.

Mais surtout, alors que pour toutes les autres personnes morales il existe diverses obligations, on n'en trouve aucune pour les syndicats qui ne sont pas tenus par la loi de tenir une comptabilité et ne peuvent être donc vérifiés. Et il ne peut y avoir, comme dans une société par action, des actionnaires mécontents venant demander des comptes au cours d'une assemblée

1. À l'exception des associations d'intérêt public qui sont en nombre très limité, leur reconnaissance étant conditionnée par des procédures extrêmement lourdes et complexes. Le syndicat est ainsi en quelque sorte purifié de toute interférence lucrative, son caractère d'intérêt public est peu ou prou induit du seul fait qu'il s'agit d'une organisation professionnelle, et cela lui permet d'accéder à tous les avantages d'organisations quasi para-étatiques. On retrouve ici la mystique selon laquelle ce qui entoure l'État est pur car motivé seulement par l'intérêt général, ce qui justifie tous les privilèges entourant cette « pureté ».

générale : dans un syndicat, la direction se borne à les exclure ! Leurs finances sont donc un mystère, théoriquement impénétrable.

Brouillard et népotisme

Cela rend le financement de cet acteur important totalement opaque. Difficile donc de sanctionner financièrement un syndicat, donc le responsabiliser, ouvrant ainsi trop souvent la porte à des risques réels de copinage et de népotisme.

Plus largement, cette situation permet à des équipes dirigeantes de rester au pouvoir sans avoir à rendre de comptes, à faire de l'organisation une machine à défendre des privilèges – et à les distribuer – sans se préoccuper de l'intérêt des syndiqués, c'est-à-dire de la défense de leur avenir et de l'innovation en matière sociale. Elle explique en grande partie le déclin du syndicalisme en France et notamment le déclin de FO dont les effectifs ont fondu malgré les discours belliqueux.

Elle explique aussi l'expansion de la CFDT dont les effectifs n'ont cessé d'augmenter depuis les efforts de transparence et de modernisation lancés par Nicole Notat. Les salariés ne sont pas dupes et ont parfaitement compris que la résistance aveugle au changement et la concentration des avantages dans une société en rapide évolution les menaient droit dans le mur.

Elle explique aussi pourquoi Bernard Thibault à la CGT fait le grand écart, tiraillé entre la compréhension que, sans une certaine ouverture, la CGT est morte à terme, et l'action des groupes d'extrême gauche qui nient, non pas les lois de l'économie mais les lois de l'économie telles qu'elles s'appliquent dans les pays qui nous entourent.

Ce système absolument opaque a permis le développement d'un « syndicalisme français [qui] ressemble au système des défunts pays de l'Est ». Comme l'analyse clairement Dominique Labbé : « Les responsables d'un niveau sont toujours cooptés par le niveau supérieur, jamais choisis par les adhérents. Tout au plus ceux-ci sont-ils parfois conviés à ratifier la cooptation mais ils n'ont pas le choix parce qu'on leur offre généralement autant de candidats qu'il y a de postes de pouvoir. Tout cela conduit à une présidentialisation très frappante des directions[1] » à tous les échelons de l'organisation.

Des milliers de fonctionnaires ou – « assimilés » comme on dit – sont mis à la disposition des organisations syndicales par la fonction publique centrale ou territoriale, les organismes publics (hôpitaux, Sécurité sociale, etc.) et les entreprises publiques telles que la SNCF, EDF, etc.

Ces personnels mis à disposition sont donc bénéficiaires de décharges et de primes leur permettant d'effectuer leur travail syndical mais « les bénéficiaires de ces décharges et des primes sont désignés [...] en pratique par le secrétaire général et ses collaborateurs[2] ». Tout cela se fait entre soi, sans informer personne ni respecter les règles de l'administration. Ceux qui élisent les instances centrales n'ont de comptes à rendre qu'à ces instances mais, en même temps, sont révocables par elles *ad nutum.* Ce qui ne facilite pas la contestation.

Le risque de népotisme est la conséquence directe de ce système. Une fois élu, un secrétaire général n'a plus qu'à garder la main sur les différentes cliques qui se partagent la direction du syndicat, et à les tenir par la distribution d'avantages, notamment matériels, puisqu'il est pratiquement le seul à contrôler les finances. Ce méca-

1. D. Labbé, *Syndicats et syndiqués en France depuis 1945*, L'Harmattan, 1996.
2. *Ibid.*

nisme a permis à Marc Blondel de garder le pouvoir malgré des grincements de dents.

Un mécanisme assez similaire existe à la CGT, si ce n'est que le jeu des clans qui se partagent le pouvoir est simplifié par la prééminence du parti communiste qui tient fermement des coffres-forts bien garnis, tels que le comité d'entreprise d'EDF (ressources annuelles : 1 % du chiffre d'affaires, soit 280 millions d'euro).

Seule parmi les grands syndicats, la CFDT a fait un effort de transparence en décidant de publier ses comptes à partir de 2000.

Mais tous ceux qui sont préoccupés par l'avenir du syndicalisme en France sont conscients qu'il est nécessaire de faire évoluer cette situation ubuesque.

Faut-il prévoir, comme l'avait un temps envisagé le gouvernement Jospin, un mode de financement public – comme pour les partis – de l'ordre de un milliard d'euro, somme importante en soi mais en fait très inférieure aux dépenses réelles ? La question est posée et devra un jour être résolue.

Chapitre III

D'où vient l'argent ?

Contrairement à la légende, ceux qui défendent les travailleurs de l'administration ne sont pas pauvres. Mais le secret est bien gardé.

En effet un seul syndicat, la CFDT, depuis quelques années s'est fait un point d'honneur de publier ses comptes par souci de transparence. Leur examen révèle d'ailleurs que n'est publiée qu'une partie de ses ressources ; les 220 millions de francs annoncés pour l'année 2000 dont 104[1] de cotisations sont bien loin de couvrir les salaires et les charges sociales des 3 000 permanents dont il est crédité par des sources sérieuses[2].

Le mystère même fait naître les pires suppositions, s'appuyant sur une série d'histoires scabreuses, découvertes au fil du temps. Ce mystère est certainement profond. Thierry Desjardins, grand reporter au *Figaro*, dans un ouvrage remarqué sur l'enseignement[3], lui

1. 60 millions de francs sont des « moyens externes », essentiellement des subventions provenant directement ou indirectement du ministère du Travail pour la formation et l'information économiques des travailleurs et des militants.

2. D. Labbé, *Syndicats et syndiqués en France depuis 1945*, *op. cit.*

3. Th. Desjardins, *Le Scandale de l'Éducation nationale*, Robert Laffont, 1999.

consacre une demi-page sur 251 en notant : « La FEN, qui revendique 180 000 adhérents [...], est, pour les enseignants, d'abord et avant tout, un... empire qui pèse très lourd dans la vie économique du pays et qui n'a pas grand-chose à voir avec l'action éducative. »

Il précise que le Comité de coordination des œuvres mutualistes et coopératives de l'Éducation nationale (le CCOMCEN) est une pieuvre tentaculaire. « Or, le CCOMCEN regroupe, entre autres, une banque, la CASDEN, une compagnie d'assurances, la MAIF, le troisième groupe français de vente par correspondance, la CAMIF, une mutuelle complémentaire de la Sécurité sociale, la MGEN, une caisse de retraite complémentaire, la MRIFEN, etc. Ces noms sont inconnus du grand public, mais la MGEN compte... 1,5 million d'adhérents, la MAIF 1,2 million, la CAMIF 750 000. Des chiffres sans commune mesure avec le nombre réel d'adhérents de la FEN et qui démontrent que la FEN "tient" d'une manière ou d'une autre et jusque dans leur vie privée la plupart des enseignants et leurs familles. 1,5 million d'adhérents à la MGEN pour 1,4 million de fonctionnaires de l'Éducation nationale et seulement 180 000 adhérents à la FEN[1] ! »

On se souvient que le syndicat d'étudiants UNEF (Union nationale des étudiants de France) avait créé une mutuelle, la MNEF, qui gérait ses œuvres sociales et – c'est là le scandale – non seulement permettait de rémunérer grassement certains dirigeants du syndicat chargés de la gestion mais, à travers des sous-traitants surpayés, d'irriguer tout un réseau d'influences, notamment politiques. L'image de syndicats se finançant par des moyens occultes a été renforcée par la découverte de quelques affaires : celle de la caisse de retraite complé-

1. *Op. cit.*, p. 120.

mentaire, la CRI, dénoncée par l'IGAS[1] ; puis par la publicité donnée à quelques emplois fictifs, celui du chauffeur payé par le Crédit lyonnais qui, de 1980 à 1995, fut le chauffeur d'Edmond Maire, puis de Jean Kaspar et enfin de Nicole Notat, secrétaires généraux de la CFDT ; ou encore celui d'un garde du corps de Marc Blondel (FO) payé par la mairie de Paris. Qui peut affirmer que ces dérives ne touchent pas aujourd'hui tous les syndicats qui se sont emparés de l'État ?

Les exemples donnés par la presse – *Le Nouvel Observateur*[2] ou *Capital*[3] – de prélèvements occultes sont sur ce plan inquiétants : « frais de paritarisme » des caisses complémentaires de retraite, publicités aux factures gonflées et payées aux journaux syndicaux sans qu'il y ait un lien avec l'objet de l'institution, remboursement de formations bidon, commissions versées sous forme de stands gratuits par les entreprises clientes d'organismes que contrôle le syndicat, vacances à l'œil pour les principaux dirigeants syndicaux, etc.

Ceux qui seraient chargés du contrôle sont les inspecteurs de l'IGAS mais chaque fois qu'ils sortent une affaire, elle est généralement enterrée. L'affaire de la CRI (Caisse de retraite interprofessionnelle) n'est venue à la connaissance du public que par une indiscrétion publiée dans *Le Monde* mais il a été impossible de se faire communiquer le rapport.

---

1. En 1999, l'Inspection générale des affaires sociales (IGAS) avait trouvé que la CRI (Caisse de retraite interprofessionnelle), un gestionnaire de caisses de retraite, versait une dizaine de millions de francs par an (dont 40 % à la CGT, 40 % à la CFDT, 15 % à FO, le reste pour la CGC et la CFTC) aux syndicats, sous forme de permanents syndicaux payés comme délégués extérieurs, de sessions de formation, de remboursement de frais, de publicité dans les journaux, etc.
2. *Le Nouvel Observateur*, 15 juin 2000.
3. *Capital*, mars 2002.

Le premier des financiers

Or, non seulement l'État couvre ces détournements mais il en enrichit le florilège. C'est lui qui donne l'exemple. Les journaux cités estiment l'un à 900 millions, l'autre à plus de 472 millions d'euro les subventions aux syndicats, les deux premiers donateurs étant le ministère des Finances pour 289 millions suivi par le ministère de l'Emploi et de la Solidarité avec 35 millions, sous les prétextes les plus divers : formation, contributions au temps passé pour les négociations collectives et autres motifs plaisants. Sans oublier les services du Premier ministre qui financent pour 3,3 millions l'IRES, un organisme de recherche sur le syndicalisme mis en place en 1982 par Pierre Mauroy mais que certains soupçonnent de servir d'abord à distribuer de l'argent aux syndicats dits représentatifs.

Autres grands donateurs publics : l'assurance maladie de la Sécu qui distribuerait plusieurs millions d'euro au nom de la formation des administrateurs syndicaux ou de l'aide technique aux administrateurs, ou EDF dont le comité d'entreprise, richement doté puisqu'il reçoit 1 % du chiffre d'affaires d'EDF – au lieu du 0,2 % obligatoire ailleurs –, est entièrement dominé par la CGT. Dans certains cas, les fournisseurs sont gentiment priés de cotiser aux bonnes œuvres du syndicat et du parti communiste (ce que le comité dément aujourd'hui volontiers sans ouvrir pour autant ses archives comptables). Il ne faut pas oublier les municipalités : les cadeaux de la Ville de Paris, par exemple, représentent à eux seuls environ 4 millions d'euro.

Mais ce sont les dispositifs de mise à disposition gratuite de personnels qui représentent les aides les plus importantes. On évalue ainsi à 2 500 personnes en équivalent temps plein le nombre de fonctionnaires dispensés de service par l'Éducation nationale, 1 641 issus de la police nationale au titre de détachements, mises à disposition ou décharges syndicales totales, 180 permanents payés par la SNCF en sus des heures payées aux délégués syndicaux représentant 420 employés à temps plein ; au total, deux fonctionnaires sur 1 000 seraient occupés à la seule défense de leurs collègues soit quinze fois plus que dans le secteur privé (ce qui ferait environ 14 000 personnes pour les sept millions de fonctionnaires) !

Dans le cas des chauffeurs de Notat ou de Blondel, il s'agit de mesures susceptibles de tomber sous le coup du Code pénal, et qui, pour le Crédit lyonnais, pourraient s'appeler abus de bien social et, pour la mairie de Paris, abus de confiance.

Mais ce procédé de mise à disposition a été légalisé[1] dans les administrations et est l'instrument par excellence qui permet de mettre au service des syndicats ce qui coûte le plus cher, le gros des permanents, et cela entièrement aux frais du contribuable.

Le droit du travail oblige en effet les administrations et les grandes entreprises, à commencer par les entreprises nationales, à financer leurs œuvres sociales soit en argent soit par mise à disposition de personnes. Le personnel de ces œuvres sociales est à son tour, en partie, « prêté » aux organisations syndicales. Il oblige également les administrations à donner des crédits d'heures aux délégués syndicaux, délégués du personnel et membres des comités d'entreprise, d'hygiène, etc., ce qui,

---

1. La mise à disposition se distingue du détachement ou de la disponibilité en ce que la personne mise à disposition continue d'être payée par son administration d'origine. Cette mise à disposition doit faire l'objet d'un accord mais il n'est pas obligatoire qu'il y ait compensation financière par l'organisme bénéficiaire. Il faut toutefois que ce dernier assure une mission d'intérêt général, ce qui, suivant certaines théories, serait le cas des syndicats (mais ne le serait pas de l'association ATTAC qui pourtant a bénéficié de mises à disposition de l'Éducation nationale).

dans des administrations peu regardantes, se traduit pas des milliers d'heures payées aux syndicats.

Un État « mis à disposition »

Une des évaluations les plus sérieuses sur les effectifs ainsi mis à disposition des syndicats et recoupant les chiffres ci-dessus nous paraît encore une fois être celle de Dominique Labbé[1], évaluant pour la CFDT à 3 000 les permanents de l'appareil et à 7 000 les responsables de syndicats sur un total d'environ 500 000 syndiqués.

En utilisant les évaluations des syndiqués établies par le même ouvrage (qui s'arrête en 1993), il y aurait 634 000 personnes à la CGT, 370 000 à FO, 300 000 à la FEN, 93 000 à la CFTC et 111 000 à la CGC.

Sur la base d'une simple règle de trois évaluant le total des syndiqués à 2 millions, le nombre de permanents syndicaux s'établirait à environ 12 000. Si on rapproche le budget de la CFDT de 220 millions des 3 000 permanents, cela ferait 73 000 francs par permanent, chiffre qui permet de douter que l'emploi de permanent soit assuré par le budget officiel car il faut beaucoup plus que 73 000 francs pour couvrir les coûts d'un salarié, même payé au SMIC, si on ajoute les charges sociales, les frais de locaux, téléphone, etc.

Une règle simple est qu'un fonctionnaire moyen coûte environ 300 000 francs (45 700 euro) par an. Sur cette base, les 3 000 permanents devraient représenter cinq fois le budget annoncé par la CFDT. Les 12 à 14 000 permanents payés aux syndicats représentent ainsi une facture d'environ 4,2 milliards de francs ou 640 millions d'euro. Avec les responsables syndicaux, ce serait le triple. Ces emplois, il faut le rappeler, sont en

1. D. Labbé, *op. cit.*, p. 36.

fait à l'entière discrétion du secrétaire général et du groupe de personnes autodésignées avec lesquelles il a la mainmise sur le syndicat. Une belle force qui échappe à tout contrôle et totalement à son service.

Et ce sont ces permanents, ces employés des syndicats que, dans le cadre de leur travail, on voit défiler de la République à la Bastille et faire le siège de l'Assemblée.

La conclusion est simple : les cotisations ne représentent qu'une goutte d'eau dans les ressources des syndicats. Leurs revenus « complémentaires » qui leur permettent de payer leurs permanents, de les faire défiler le jour venu, proviennent essentiellement de l'État ou de ses émanations, soit à travers des subventions soit par les détachements ou mises à disposition, celles-ci n'étant légales que dans les organismes publics : administrations, entreprises publiques, Sécurité sociale.

En dehors des mécanismes occultes qui permettent de dévier les fonds de tel ou tel organisme (on a accusé la formation professionnelle ou l'ANPE des pires méfaits en la matière) vers les caisses des grandes centrales, le gros du financement public se fait de façon tout à fait officielle mais bien cachée.

C'est le contribuable qui paie. Et qui fournit les instruments de la dictature.

Chapitre IV

Le SNUI, le vrai patron des Impôts

Il existe un mystère autour du principal syndicat de Bercy : d'où tient-il son immense pouvoir ? Sur 80 000 employés des impôts, le SNUI (Syndicat national unifié des impôts) annonce 22 000 adhérents ; aux dernières élections professionnelles, il a obtenu 46 % des voix contre 25 % à la CGT, 12 % à FO et 10 % à la CFDT. Ce syndicat « autonome », c'est-à-dire indépendant des grandes centrales syndicales « représentatives », est de loin la principale force de la direction générale des Impôts. Bien que peu connu du public, il n'en est pas moins l'un des syndicats les plus puissants de France. Ses moyens d'action sont d'une exceptionnelle efficacité ; rien ne peut être décidé dans l'organisation de l'administration des Impôts sans son accord ; c'est lui qui décide en grande partie de la politique fiscale du gouvernement ; enfin son but, comme celui des autres syndicats autonomes avec lesquels il est associé, est la fonctionnarisation la plus complète de la société française.

L'exemple du SNUI n'est, hélas, pas isolé car des méthodes similaires sont utilisées ailleurs.

Des moyens d'action exceptionnellement efficaces

Le SNUI n'utilise que depuis quelques années sa capacité de mobilisation des agents des Impôts. Certes, en 1968, il avait précédé de deux mois le mouvement social étudiant, déclenchant en mars une grève de cinq semaines qui fit abandonner par l'administration des Impôts un projet de réforme de ses structures locales.

Mais c'est surtout à partir de mai 1989 qu'il a pris conscience de sa capacité d'imposer ses vues à l'administration : après six mois de grève, Pierre Bérégovoy dut accorder au personnel des Impôts une prime spéciale et supprimer toute possibilité de modulation individuelle de salaire pour environ la moitié des agents (catégories B et C). Cette « action » fut suivie d'une grève nationale le 26 avril 1990 et, en novembre 1995, le SNUI fut l'un des syndicats les plus en pointe pour s'opposer au plan Juppé sur la Sécurité sociale : deux mois de grève !

Et, depuis 1997, chaque année voit une nouvelle offensive. En 1997-98, la direction des Impôts voulut ramener de dix-sept à deux le nombre de centres informatiques : une grève l'en empêcha. Le 5 février 1998, une nouvelle grève lancée par le SNUI était destinée à protester contre l'insuffisance des effectifs. Le 28 janvier et le 16 mars 1999, deux « mouvements sociaux », comme disent les médias, bloquent la mise en place d'une réforme : le ministre des Finances Dominique Strauss-Kahn voulait adresser aux contribuables le formulaire de déclaration d'impôt sur le revenu prérempli, dit « déclaration express », grâce aux informations que les employeurs et les institutions sociales et financières sont obligés de fournir à l'administration. Christian Boulais, secrétaire général du SNUI, lui répliqua : « S'il n'y a plus besoin de saisie des déclarations d'impôts, que deviennent les personnels des centres [des Impôts] ? » La réforme fut abandonnée.

Le 12 octobre 1999, le directeur des Impôts, Jean-Pascal Beaufret, obtint la signature de deux syndicats des Impôts, le SNADG-CGT et le SN-CFDT, sur un « contrat d'objectifs et de moyens » de trois ans qu'il avait signé avec la direction du Budget. Ce contrat garantissait les ressources de la direction des Impôts pour cette période, mais conduisait à une réduction d'effectifs de 3 228 emplois en trois ans. Cette réduction, correspondant au remplacement d'environ un fonctionnaire sur deux partant à la retraite pendant cette période, était prévue sans licenciements. Sa mise en application démarrait le 1er janvier 2000. Mais le SNUI refusait ce contrat et n'avait de cesse d'empêcher son application.

L'occasion lui fut offerte à partir du 27 janvier 2000 : le ministre des Finances Christian Sautter, qui venait de remplacer Dominique Strauss-Kahn, annonçait une grande réforme, celle de l'« interlocuteur fiscal unique », présentée le 6 janvier dans le rapport de la « mission 2003 ». La France était en effet le seul pays développé à confier le recouvrement d'un peu plus de la moitié des impôts (impôt sur le revenu, impôt sur les sociétés, impôts directs locaux, taxe sur les salaires) à une administration, la direction générale de la Comptabilité publique, différente de celle qui les calcule, la direction générale des Impôts.

Cette réforme, qui confiait à l'administration fiscale les deux tâches du calcul et du recouvrement de ces impôts, faisait passer environ 17 000 employés (sur 55 000) de la première direction à la deuxième. Elle avait évidemment les faveurs du SNUI, qui devenait ainsi le principal syndicat d'une administration plus importante, affaiblissant du coup au sein du ministère des Finances son grand rival, FO, majoritaire à la Comptabilité publique. Le SNUI confirmait son accord par un communiqué du 8 février et de nouveau dans un dialogue, paru dans le journal *Le Monde* daté du 10 mars 2000, entre Christian Boulais, secrétaire général du SNUI, et le nouveau directeur des Impôts, François Villeroy de Galhau. Mais l'occasion était trop belle : la réforme ne passerait que si le directeur des Impôts renonçait à son contrat d'objectifs et de moyens ainsi qu'aux réductions d'effectifs qui l'accompagnaient. C'est ainsi que le SNUI fit capoter une orientation qu'il prétendait, sur le fond, appuyer.

Il faut dire que ses moyens d'action étaient redoutables. Le 10 février, Christian Sautter faisait un geste : les 17 000 agents du Trésor (la Comptabilité publique) affectés à la direction des Impôts seraient détachés pendant cinq ans. Ce qui permettait de réduire l'opposition des membres de FO à la réforme, puisqu'ils voteraient toujours à la Comptabilité publique, leur fief. Mais il refusait le gel des suppressions d'emplois aux Impôts demandé par le SNUI.

Celui-ci lançait alors l'offensive. À partir du 10 février, le centre informatique des Impôts de Marseille était bloqué par un piquet de grève. Les déclarations d'impôt sur le revenu ne pouvaient plus être imprimées et envoyées aux contribuables. Le centre informatique de Caen le suivait le 15 février et arrêtait les prélèvements mensuels sur le revenu des contribuables ayant choisi ce mode de paiement. Le même jour, le centre informatique de la Comptabilité publique à Toulouse était occupé par des grévistes. Le 24 février, dans une déclaration au *Parisien*, Christian Boulais appelait à bloquer la campagne des déclarations de revenus qui devait commencer le 1er mars. FO, qui n'avait pas été prévenu de cette initiative du SNUI, renchérissait et annonçait le blocage des 32 centres informatiques de la Comptabilité publique !

Le SNUI accroît alors encore la pression. Comme l'expliquent Jean-Pierre Séréni et Claude Villeneuve dans leur excellente enquête *Le Suicide de Bercy* : « À La Seyne (Var), des tonnes de fiches de contrôle fiscal alimentent un brasier géant [...]. À Lyon, les dossiers fiscaux passent par la fenêtre. On menace de casser les ordinateurs [...]. Un piquet bloquant interdit physiquement l'accès aux locaux. Les agents signent sur le trottoir le registre de présence, ils ne sont pas grévistes [...]. Tournant ou filtrant, le piquet de grève facilite la tenue d'une assemblée générale avec les agents mis dans l'incapacité de travailler normalement. Sa première décision est souvent d'approuver l'installation d'un piquet de grève bloquant et le verrouillage des portes. Cette forme de lutte permet d'amoindrir le niveau des retenues (sur les traitements) pour faits de grève en associant tous les agents au conflit[1] », souligne le syndicat CGT des Impôts qui, avec le SNUI, fournit les militants des 450 piquets de grève...

Le ministre, pressé par ses directeurs locaux de recourir à la réquisition, ne s'y résout pas : « Faire appel aux flics » heurte sa sensibilité.

Le 10 mars, alors que 435 centres des Impôts (sur 850) sont bloqués par des piquets de grève, il reçoit Christian Boulais et Jacky Lesueur, son homologue FO de la Comptabilité publique, et abandonne sans aucune contrepartie le contrat d'objectifs des Impôts, c'est-à-dire les réductions d'effectifs. « Les mœurs sociales dans la Fonction publique, expliquent Jean-Pierre Séréni et Claude Villeneuve, excluent en effet que les deux parties s'accordent sur un relevé commun de conclusions. Les syndicats ne signent jamais rien... Le compte rendu de la rencontre est rédigé par l'administration, sous sa seule responsabilité, ce qui permet aux syndicats d'empocher les concessions – ici le gel des suppressions d'emplois à la direction des Impôts – sans abandonner aucune de leurs revendications ni mettre fin à leurs actions. »

À la réunion suivante, le 14 mars, les syndicats demandent donc plus : l'abandon de toutes les réformes en

1. J.-P. Séréni et C. Villeneuve, *Le Suicide de Bercy : la réforme est-elle impossible en France ?*, Plon, 2002.

cours. Deux jours plus tard, ils organisent des manifestations. À Paris, le SNUI annonce 30 000 manifestants (la préfecture de police 9 000). Il y a 55 % de grévistes aux Impôts. Le soir même, à la télévision, le Premier ministre, Lionel Jospin, lâche son ministre des Finances en parlant d'« une réforme qui n'a pas été comprise ». Le lundi 20 mars, des assemblées générales des personnels du ministère des Finances sont organisées par les syndicats dans toute la France, les centres des Impôts sont fermés, des piquets de grève bloquent les portes d'entrée, FO menace de paralyser totalement les centres informatiques de la Comptabilité publique et d'interdire le paiement des traitements et pensions de fin mars.

Matignon fait alors pression sur Bercy pour annoncer le retrait de la réforme. Ce qui est fait par un communiqué à l'AFP : « Les ministres [Christian Sautter et Florence Parly, sa secrétaire d'État au Budget] constatent l'opposition persistante des organisations syndicales. C'est pourquoi, face à cette situation de blocage, dans un souci de responsabilité et d'apaisement, les ministres ont décidé de retirer ce projet de réforme. » Le lendemain, à l'Assemblée nationale, Lionel Jospin « se félicite de l'attitude des syndicats de la direction des Impôts et de la Comptabilité publique, dont les responsables continuent à dire qu'il faut réformer le ministère pour mieux servir les contribuables » ! Christian Sautter démissionne le 28 mars.

Cette victoire a évidemment renforcé la conviction des syndicats, principalement le SNUI à la direction des Impôts et FO à la Comptabilité publique, que le pouvoir leur appartient au ministère des Finances. La « victoire des agents » leur permet d'annoncer qu'« il n'est pas question d'accepter demain ce qui a été refusé hier ». D'ailleurs, les dernières retenues de salaires pour jours de grève ont été « suspendues ». Elles avaient été « limitées » en février et « étalées » en mars.

Le rapport de la « mission 2003 », qui avait préparé la réforme de l'interlocuteur fiscal unique, avait été rédigé par Thierry Bert, chef du service de l'inspection des Finances, et Paul Champsaur, directeur général de l'INSEE. Thierry Bert a parfaitement tiré les enseignements de cette tentative de réforme avortée dans un chapitre intitulé « La réforme de Bercy, paralysie ou suicide collectif ? », du livre *Notre État*[1] :

« Appartient-il aux syndicats ou au gouvernement de définir l'organisation optimale du service public ? »

Puisque c'est en fait les syndicats qui décident, « aucun argument rationnel ne prévaut sur la solution consistant à accroître indéfiniment les moyens et les emplois [...] à la charge des contribuables ».

Le SNUI décide

Dans cette poudrière sociale qu'est devenue l'administration des Finances, les décisions sont prises désormais par les syndicats. C'est ainsi que Laurent Fabius n'a pu faire passer qu'une modeste réforme acceptée par le SNUI – la création d'une direction des grandes entreprises à Paris –, réforme qui avait d'ailleurs été décidée par son prédécesseur. Son successeur, Francis Mer, s'est contenté, pour sa part, d'une demi-réforme : le recouvrement par la direction des Impôts de l'impôt sur les sociétés et de la taxe sur les salaires ; en contrepartie, la mission de « conseil fiscal » des collectivités locales passait de la direction des Impôts à celle de la Comptabilité publique, qui récupérait en outre le droit de timbre et jusqu'en 2001 la vignette automobile.

Mais le SNUI a refusé :

1. R. Fauroux et B. Spitz (sous la direction de), *Notre État*, Robert Laffont, 2001.

– Que les directeurs départementaux des Impôts puissent choisir leurs collaborateurs, les responsables des centres-recettes des impôts.

– Que soient développées comme à l'étranger les vérifications « ciblées », c'est-à-dire choisies de façon à augmenter les chances de trouver des fraudes : vérification des fraudeurs récidivistes, des exportateurs demandant systématiquement des remboursements de TVA européenne, etc. En France, 11 % des vérifications sont ciblées, les autres étant choisies de façon aléatoire. En Allemagne, 53 % des vérifications sont ciblées. Au Royaume-Uni, un vérificateur contrôle en moyenne 132 entreprises par an au moyen de vérifications ciblées et restreintes, alors qu'en France la moyenne est de 9,6. Il y a ainsi beaucoup plus d'entreprises contrôlées au Royaume-Uni, qui dispose de 3 357 vérificateurs, alors que la France en compte 5 366. Comme l'indique le SNUI dans un dossier de presse du 10 mars 2003, « cette conception technocratique de l'analyse de risque d'inspiration anglo-saxonne ouvre dangereusement la voie aux réductions drastiques d'emplois ». « Si la lutte contre la fraude est la priorité affichée par l'administration, alors celle-ci doit s'en donner les moyens et cela passe forcément par des créations nettes d'emplois », écrit le SNUI dans une analyse du rapport Strainchamps (février 2000), du nom d'un directeur des Impôts qui avait étudié le fonctionnement du contrôle fiscal à l'étranger et préconisait davantage de vérifications ciblées. Le SNUI dénonce « une conception minimaliste du contrôle ancrée dans une volonté de réduction des coûts et d'augmentation de la productivité. [...] Nous devons nous battre pour un renforcement des effectifs et des moyens juridiques d'action ».

– Que les vérifications fiscales tiennent compte des chances plus ou moins grandes de recouvrer les sommes qui seraient éventuellement à verser par les contribuables :

« Le SNUI a marqué son opposition à toute logique qui viserait à axer le contrôle fiscal uniquement sur ce qui, au final, pourrait être recouvré. L'égalité de traitement des contribuables serait une fois de plus mise à mal. » Cet argument ne l'empêche pas d'encourager le ciblage des vérifications sur les dossiers « à forts enjeux » (plus de un million de francs, 150 000 euro). L'égalité de traitement doit profiter à tous, sauf aux plus fortunés.

– Que l'entretien d'évaluation des agents des Impôts soit, comme dans toutes les entreprises, « conduit par le supérieur hiérarchique ». Un décret du 29 avril 2002 avait en effet prévu que « les fonctionnaires font l'objet d'une évaluation qui comporte un entretien [...] conduit par le supérieur hiérarchique direct du fonctionnaire ». Or, comme l'explique le SNUI, « la loi du 11 janvier 1984 énonce clairement que le pouvoir de fixer les notes et appréciations générales est exercé par le chef de service et non par le supérieur hiérarchique direct. L'entretien d'évaluation, qui peut porter sur la notation et qui est pris en compte pour établir les fiches de notation des fonctionnaires, n'a pas, selon nous, à impliquer une personne différente de celle qui doit noter les agents [...]. Il n'est pas acceptable de réduire le rôle des CAP [commissions administratives paritaires, où les syndicats occupent la moitié des places] à la seule révision de la notation, sans l'étendre à la révision du compte rendu de l'entretien d'évaluation, ce dernier étant indissociable de la notation et servant de support à l'appréciation générale. » Autrement dit : c'est à nous syndicats et non à notre supérieur hiérarchique direct d'évaluer les agents des Impôts et de décider de leurs promotions. Le SNUI a donc intenté un recours contre le décret du 29 avril 2002.

– Que des objectifs individuels soient assignés aux agents des Impôts. « Le concept de performances a été vivement critiqué par notre secrétaire général, lequel a dénoncé le glissement vers un management organisant une compétition permanente entre services et agents. Dans ce courant-là, la rémunération au mérite sera résolument combattue par le SNUI, toujours fermement opposé à une logique d'intéressement aux résultats », écrit *L'Unité*, le journal du SNUI, qui refuse de voir « la logique coût-rendement s'installer dans un secteur qui donnait jusqu'ici la priorité aux besoins des agents » (*L'Unité* du 14 janvier 2003). Pour le SNUI, les agents des Impôts doivent dépendre totalement de lui et non de leur hiérarchie, y compris pour les décisions individuelles concernant les contribuables ! Or, aux Impôts, une grande partie de ces décisions est décentralisée, en vertu de délégations de signatures. D'après un rapport du sénateur Bernard Angels de février 2002, 95 % des décisions contentieuses et gracieuses sont prises par les agents. Si bien que les taux d'acceptation des demandes de remise gracieuse varient dans des proportions considérables : de 38,6 % à 73 % suivant les départements. Et les supérieurs hiérarchiques n'osent que très rarement rectifier si nécessaire une décision erronée de leurs subordonnés.

– Que des tâches comme l'informatique soient « externalisées », c'est à dire confiées à des entreprises privées.

Bien entendu, le SNUI s'oppose toujours à toute réduction d'effectifs : « La paupérisation des moyens de la direction générale des Impôts [...] remet dangereusement en question le pacte de solidarité républicain. » « L'organisation reste lourde, cloisonnée et les procédures demeurent complexes, nous dit-on, en ajoutant qu'il faut poursuivre la recherche de simplifications. Cette première “faiblesse” appelle de notre part toujours la même observation : la démocratie restera toujours quelque chose de complexe et la justice fiscale s'accommodera toujours mal d'un certain simplisme. » Le SNUI sera donc favorable à un impôt comme la taxe sur les logements vacants dont, d'après le rapport du sénateur Angels, « les coûts d'administration sont susceptibles d'excéder le rendement ».

Le SNUI va plus loin. Il encourage – dans le service public, bien sûr ! – les augmentations de salaires déguisées, sous la forme de changements d'indices de salaires. Comme l'explique le sénateur Angels dans son rapport à propos des dérives du budget de la direction des Impôts, « la "ligne souple", intitulée "ajustement pour tenir compte de la situation réelle des personnels", est, théoriquement, destinée à permettre de pallier les imprécisions tenant aux modes traditionnels d'évaluation des crédits nécessaires au paiement des rémunérations principales. Les crédits de rémunérations principales sont en effet évalués sur la base d'un indice moyen affecté à chaque emploi autorisé en loi de finances. La dépense réelle peut être différente pour plusieurs raisons : influence des temps partiels, écart des agents avec l'indice moyen, changements de situation statutaire, départs en retraite, etc. Les surnombres ont provoqué une hausse importante de cette ligne souple, qui a aussi partiellement été causée par le développement du temps partiel. Le montant du total des lignes souples a atteint 1 460 millions de francs en 1998 [...]. Ainsi, environ 20 % des emplois budgétaires "gagent" des surnombres, autrement dit servent à rémunérer des agents, généralement du même corps, mais d'un grade supérieur à celui de l'emploi budgétaire considéré [...]. Au 31 décembre 1997, pour les personnels du réseau de la DGI, on comptait, par exemple, près de 9 000 agents rémunérés, dans le grade d'agent principal de constatations ou d'assiette de deuxième classe, de plus que la dotation de 6 882 emplois budgétaires autorisés, pour ce grade, par la loi de finances [...] Pour la DGI, les effets des principales composantes des lignes souples ont été évalués à 2,6 % pour les mesures ministérielles non traduites en loi de finances, 1,6 % pour le surcoût dû aux temps partiels et 3,6 % pour l'écart entre les indices moyens et les indices réels. L'on ne peut dès lors que s'associer à l'observation de la Cour des comptes selon laquelle "le montant des lignes souples des services financiers a atteint un niveau tout à fait excessif qui met en cause la transparence de l'autorisation parlementaire". Il faut alors déplorer la persistance d'importants écarts entre la présentation budgétaire et la réalité des coûts qui constitue une anomalie budgétaire qu'il convient de corriger au plus vite ».

« En ce qui concerne les agents de la direction générale des Impôts, écrit de son côté la Cour des comptes, la situation est encore plus claire puisque aucune indemnité spécifique, à l'exception de celles versées aux agents des hypothèques et du cadastre, n'a un fondement convenable. [...] L'administration invoque d'ailleurs l'absence de référence réglementaire pour faire débouter par les tribunaux les agents qui se plaignent de leurs primes. Le Conseil d'État a jugé en effet que la prime de rendement de la DGI, n'ayant pas été créée par décret, n'ouvrait aucun droit. Le défaut de fondement juridique se double du défaut de publication des dispositions en vigueur ; celles-ci sont prises sans contreseing du ministre de la Fonction publique qui, en sa qualité de ministre chargé de leur application, doit signer tous les textes indemnitaires, y compris ceux qui fixent les taux. »

Enfin, la Cour juge qu'« un inconvénient, plus général, porte sur l'absence de lisibilité, y compris pour les bénéficiaires, des systèmes de rémunérations accessoires. Ceux-ci, pour être efficaces en termes de gestion des ressources humaines, doivent être compréhensibles quant à leurs modalités mais aussi quant à leurs objectifs. Ce n'est assurément pas le cas en ce qui concerne la DGI et le Trésor public ».

Elle dénonce alors « une complexité voire une opacité, qui prive ces administrations de la possibilité de mettre en œuvre une politique de rémunération volontariste, au service de leurs objectifs et de leurs priorités ».

La Cour rappelle que, depuis la fin des années 1970, les primes des agents des Impôts (30 % de leur salaire) étaient financées par les produits des contrôles fiscaux.

Ces dérives n'ont bien sûr jamais été dénoncées par le SNUI, puisqu'elles ont été mises en place pour l'amadouer.

La politique fiscale du SNUI

Comme l'écrivent Jean-Pierre Séréni et Claude Villeneuve : « Depuis toujours, le SNUI se prononce sur les textes officiels que ses adhérents seront chargés d'appliquer[1]. » « Notre analyse est incontestablement orientée » : titre de gloire des experts du SNUI, le 5 septembre 1979, *Le Canard enchaîné* reprend l'analyse du SNUI sur la réforme du barème de l'impôt sur le revenu, et Raymond Barre finira par y renoncer.

Ce lobby considérable s'est par la suite opposé aux réductions d'impôt sur le revenu prévues par le gouvernement de Lionel Jospin. À cette occasion, ils n'ont pas craint de puiser des arguments dans des situations individuelles et dans des statistiques non publiées. « Il cite l'exemple d'un couple avec trois enfants dont les placements, en 1996, s'élevaient à 4 654 416 F [...] en profitant au maximum des avantages fiscaux : il a bénéficié d'un revenu de 231 494 F totalement exonéré d'impôt sur le revenu. Certains contribuables [...] disposant de revenus élevés bénéficient de déductions et de réductions diverses si importantes qu'elles leur permettent

1. J.-P. Séréni et C. Villeneuve, *Le Suicide de Bercy*, *op. cit.*

d'échapper totalement à l'impôt sur le revenu. Or, dans ce cas, il y a désormais des chiffres fiables. C'est le Syndicat national unifié des impôts (SNUI) qui les a révélés mardi 25 février. Interrogé par *Le Monde*, le ministère des Finances n'a pas souhaité commenter ces statistiques [...]. Selon le SNUI, dix foyers fiscaux ayant perçu, en 1994, plus d'un million de francs de revenu imposable n'étaient pas imposables à ce titre en 1995. Dans la tranche de revenu imposable comprise entre 400 000 et un million de francs, le nombre était de 97 ; entre 300 000 et 400 000, de 418 ; entre 200 000 et 300 000, de 8 165. Dans les tranches plus basses, le nombre s'accroît fortement : entre 150 000 et 200 000 francs, il est de 34 145. Le syndicat souligne, de surcroît, que le nombre des personnes non imposables comprises dans ces cinq tranches est en forte hausse : de 20 651 en 1991, il est passé à 42 835 en 1994[1]. » De même, le rapport Strainchamps sur le contrôle fiscal, qui n'a jamais été publié par l'administration, a néanmoins été communiqué au SNUI, qui en a publié les passages renforçant ses thèses.

Le Monde, qui a donc pu profiter de ces informations fournies par le SNUI – et soigneusement choisies pour illustrer l'idéologie du syndicat –, poursuit : « Le syndicat tire argument de ces constats pour souligner que la réforme engagée par le gouvernement avantage les hauts revenus et désavantage les petits. De plus, dit le syndicat, la réforme réduit à la portion congrue l'impôt sur le revenu, qui est, par excellence, "l'impôt citoyen". "Toute réforme, dit-il, qui ne viserait pas à réformer globalement le système fiscal français en redonnant plus de poids à la fiscalité directe et progressive, au moyen notamment de l'impôt sur le revenu, ne saurait être une réforme servant la justice fiscale." »

1. *Le Monde*, 27 février 1997.

Muni de ces armes inaccessibles aux contribuables comme aux parlementaires, le SNUI est ainsi en mesure d'influencer fortement la politique fiscale, d'autant qu'en dehors de certains médias, il a trouvé des députés, comme le communiste Jean-Pierre Brard, disposés à diffuser largement ses thèses : accroissement des impôts progressifs comme l'impôt sur le revenu et l'ISF, « harmonisation » européenne, c'est-à-dire augmentation des impôts dans les pays européens où ils sont les plus faibles, lutte contre les paradis fiscaux, le secret bancaire, la « criminalité financière », la fraude fiscale et même l'évasion fiscale (c'est-à-dire l'utilisation de leurs droits légaux par les contribuables).

Pour la fonctionnarisation de la société française

La réussite de cette stratégie repose largement sur la communication du syndicat. Ainsi le précédent secrétaire général Christian Boulais a-t-il choisi de ne pas paraître « bêtement corporatiste ». Il préfère élever le débat, s'inscrire « dans le courant des grandes solidarités que nécessitent la mondialisation libérale et toutes ses brutalités[1] », rappeler que le SNUI est membre fondateur d'ATTAC, aller à Porto Alegre, dénoncer la baisse de la tranche supérieure des revenus. Il s'associe pour cela à d'autres partenaires.

Comme l'indiquait la presse[2], « le développement de tensions sociales fait émerger sur le devant de la scène des acteurs syndicaux FSU, UNSA, SUD (Solidaires, unitaires, démocratiques), groupe des dix, qui, pour certains, existent de longue date, mais dont l'importance dans la vie publique n'a pas forcément été appréhendée

1. J.-P. Séréni et F. Villeneuve, *Le Suicide de Bercy, op. cit.*
2. *Le Monde*, 1er décembre 1995.

à sa véritable mesure ». Ces « nouveaux » syndicats se situent tous, peu ou prou, dans la mouvance autonome.

Le groupe des dix est à l'origine « une intersyndicale interprofessionnelle permanente. Il comprend trois pôles : fonction publique, avec le Syndicat national unitaire des impôts (SNUI) et SUD ; banque-finance, autour du Syndicat unifié (SU) des caisses d'épargne et SUD-CAM, présent au Crédit agricole ; aviation civile, qui est en train de se former avec le Syndicat national des mécaniciens au sol de l'aviation civile (SNMSAC) et cinq ou six structures. Appartiennent aussi à l'ensemble le Syndicat national autonome de la Banque de France et CRC santé-sociaux, issu du mouvement des infirmières de 1988 [...]. SUD, créé par des militants exclus de la CFDT après le conflit des "camions jaunes" en 1988, est, depuis les élections professionnelles de 1995, le deuxième syndicat à France Télécom, derrière la CGT, mais devant la CFDT, et le quatrième à La Poste [...]. La FSU (Fédération syndicale unitaire), née de l'éclatement de la FEN, a réuni son congrès fondateur en mars 1994 ». De leur côté, les fédérations réformistes (CFDT, CFTC, CGC) s'inquiètent de la montée en puissance de ceux qu'ils appellent « les corporatistes » ; elles souhaitent en limiter l'impact en réclamant « un durcissement des règles de représentativité syndicale en vigueur[1] ».

Née en 1981, cette intersyndicale des dix prétend changer la société. Des syndicalistes journalistes à ceux de la Banque de France, la coalition est disparate mais efficace. L'apparition de la FSU et de SUD a encore compliqué la situation et poussé à radicaliser des positions déjà tranchées. Seul objectif : l'embauche de fonctionnaires supplémentaires !

D'après Michel Deschamps, responsable de la FSU, « ce qu'on a enlevé aux fonctionnaires en matière

1. *Ibid.*

salariale n'a pas amélioré la situation des bas salaires du privé, ni profité aux exclus ».

« La politique de libéralisation des économies menée au sein de l'Union, écrit *L'Unité* au sujet du forum européen de Florence auquel participait le SNUI, avec son cortège de privatisations et de remises en cause du service public, a été dénoncée par tous les participants. Comme l'a développé Serge Colin, nouveau secrétaire général, au nom du SNUI, les politiques budgétaires et fiscales sont menées désormais au niveau communautaire, sur la base des directives inspirées par la pensée unique libérale, le dogme de la baisse des prélèvements obligatoires et du "trop d'impôt". » Pour le SNUI comme pour les syndicats « unitaires » qui lui sont associés, il est vrai qu'il n'y a jamais trop d'impôts.

Chapitre V

La bande des cinq

L'explosion sociale de 1968 a failli faire basculer nos institutions. Elle a conduit le gouvernement du général de Gaulle à tenter d'orienter de futures tensions sociales en dirigeant en quelque sorte leurs coulées de lave vers des circuits obligés, pour éviter la répétition d'éruptions anarchiques et rendre celles-ci contrôlables. Et ces canaux sont une poignée de syndicats auxquels l'État confie en quelque sorte le monopole de la représentation des salariés en même temps qu'il se crée des interlocuteurs chargés de centraliser les tensions sociales.

Si la loi Waldeck-Rousseau de 1884 reconnaissait la liberté de constitution des syndicats au niveau national, c'est seulement par la loi du 27 décembre 1968, issue des accords de Grenelle, que ceux-ci peuvent pénétrer dans l'entreprise et y créer des sections syndicales. Jusqu'alors, les salariés étaient seulement représentés par les délégués du personnel et collectivement par les comités d'entreprise créés en 1945. Ces nouveaux venus sont invités à partir de 1968 aux comités d'entreprise mais avec voix consultative et non délibérante.

Cela provient du fait qu'**un syndicat peut créer une section dans une entreprise avec seulement deux personnes et désigner l'une d'elles comme délégué**

syndical, même si ce délégué ne représente en fait personne que lui-même et son ou sa collègue. Mais en pratique, il n'est plus d'élection de délégués du personnel ou de membres de comités d'entreprise où les syndicats ne jouent un rôle déterminant. N'importe quel syndicat ? Pas tout à fait. Car, par la grâce de la loi de 1968, seuls sont admis à présenter des candidats aux élections les syndicats dits représentatifs dont la liste est étroitement limitée par l'État.

Ne sont en effet considérés comme représentatifs que des syndicats anciens, n'ayant pas commis de crime de collaboration avec les Allemands ; la loi en établit la liste ; il s'agit de cinq centrales interprofessionnelles : CFDT, CGT, FO, CFTC et CFE-CGC. Tout syndicat qui leur est rattaché est considéré comme représentatif. D'autres syndicats peuvent acquérir la représentativité mais il leur faut obtenir un jugement qui repose entre autres sur les preuves de leurs effectifs, leur indépendance, les cotisations perçues, leur ancienneté.

À la représentativité s'attachent d'énormes avantages, à commencer par le fait que seuls ces heureux élus peuvent proposer des candidats aux élections des délégués du personnel et des membres du comité d'entreprise. Un syndicat non représentatif n'aura pas le droit de présenter de candidats au premier tour des élections et devra attendre le second, ce qui suppose qu'un second tour ait lieu.

Sauf à être quasi assurés que les candidats du premier tour ne seront pas élus, aucun syndicat non représentatif ne peut prendre ce risque et en pratique ils s'affilient presque tous à l'un des cinq « grands ». Ce qui assure à ces derniers de ne pas disparaître mais en même temps fait qu'il n'y a plus de compréhension et d'objectifs communs entre les dirigeants syndicaux nationaux et ceux qui au niveau de l'entreprise sont censés les représenter.

Ce développement pervers sauve peut-être les grandes centrales installées de l'extinction mais est en grande partie responsable de leur disparition des petites entreprises dont les représentants locaux ne se retrouvent pas dans les options prises par les instances nationales. Seules peuvent continuer à jouer un rôle les sections syndicales d'organismes numériquement très importants, et c'est pourquoi les cinq fédérations se retrouvent avec le gros de leurs forces cantonnées dans les administrations et les très grandes entreprises, presque toutes publiques.

Une autre conséquence de la représentativité a été d'encourager l'apparition de syndicats extrémistes ou, suivant l'appellation usuelle, trotskistes, dont les membres se refusent de négocier avec le pouvoir en place, sauf lorsque négociation signifie abandon.

C'est ainsi qu'on a vu apparaître et se développer les syndicats dits SUD (Solidaires, unitaires, démocratiques) qui regroupent nombre de mécontents de la CFDT et de la CGT, et qui, dans la mouvance du mouvement ATTAC, rejettent la société en bloc et ont repris en fait la plupart des thèses ayant échoué dans les défunts partis communistes des pays soviétiques.

C'est ainsi que SUD est devenu, à travers le SNUI, le syndicat majoritaire à la DGI (direction générale des Impôts) où ses militants tiennent en joue toute la France. Ce phénomène touche aussi des entreprises publiques clés telles que la SNCF. Le SNUI comme la plupart des autres syndicats SUD, comme José Bové, sont membres d'ATTAC dont l'objectif avoué est la fin du capitalisme en vue de le remplacer par une société pour le moins utopique, pour ne pas dire inquiétante. Leur absence de vision concrète mais aussi leur audience dans notre pays sont illustrées par le succès de *L'Horreur économique*, un best-seller de l'écrivain Viviane Forrester, et par l'importance du lectorat du *Monde diplomatique*, mensuel qui vise à la destruction de la société capitaliste et dont on peut se demander s'il ne serait pas interdit en Chine populaire !

SUD, par son extrémisme révolutionnaire, la « gauche de la gauche », oblige même la CGT, qui a compris que l'avenir du syndicalisme est dans la réforme et non dans la révolution, à faire la danse de l'ours entre ces deux positions peu conciliables.

Une tentative de dissidence

La législation conférant une représentativité à un syndicat fondée non sur son importance, mais sur son ancienneté, aboutit parfois à des conséquences curieuses.

Ainsi existait à l'INSEE un Syndicat des administrateurs et inspecteurs généraux de l'INSEE, le plus haut échelon des fonctionnaires, généralement nommés par le président de République. Ce SAIGI somnolait jusqu'au jour où deux administrateurs, en froid avec leur direction, s'avisent être les seuls à être à jour de leurs cotisations et, au cours d'une assemblée générale dudit syndicat, le 6 mars 1997, s'élisent l'un l'autre président et secrétaire général. Il s'agirait d'une farce si ce syndicat ne disposait, de par sa représentativité, d'un poids considérable, avec 35 % des voix aux élections professionnelles. Subitement, Paul Champsaur, directeur général de l'INSEE, trouve au sein de son administration des opposants déterminés détenant un poste clé.

Pour un directeur d'administration dont la carrière le contraint d'abord à satisfaire la règle d'or : « pas de vagues », le danger est considérable. D'autant que Pascal Gobry et Pierre Secret n'y vont pas par quatre chemins, mettant sur la place publique que l'INSEE est en sureffectifs, avec 22 régions où l'informatisation a rendu des masses de personnel inutiles avec moins de 10 polytechniciens dans ces régions contre 250 à Paris ! Ils annoncent même que pour réaliser et vendre une page d'études par l'INSEE, il faut soixante fois plus de moyens que dans le privé.

La direction, inquiète de l'apparition de cette nouvelle contestation, bien symbolique de l'importance d'un syndicat représentatif même fossile comme le SAIGI, va prendre un certain nombre de mesures sans précédent.

D'abord, elle crée un syndicat SAIGI *bis* dont les membres ne sont autres que les fonctionnaires de son administration, sous ses ordres directs, à commencer par son directeur du personnel, le responsable des élections professionnelles à l'INSEE, ou bien qui appartiennent à des administrations amies comme le directeur général adjoint de La Poste.

L'élection des délégués arrivant, le SAIGI se verra interdire l'accès des salles de vote, puis les deux trouble-fête seront convoqués devant un conseil de discipline pour avoir perturbé les élections. Dans un premier temps, l'ensemble du conseil de discipline refuse de voter une quelconque sanction. Le conseil pourrait voter une sanction moins radicale que l'exclusion mais les représentants de l'administration s'y opposent, ce qui permettra, quelques mois plus tard, de relancer la procédure bien que la direction se défende en paroles d'éprouver la moindre animosité envers les deux perturbateurs.

Entre-temps, le tribunal de Vanves, instance des conflits syndicaux, confirme que le seul à prétendre à la représentativité est le SAIGI originel, c'est-à-dire celui de Pascal Gobry et Pierre Secret.

Mais arguant d'un vice de forme (le président de la République aurait dû être notifié avant convocation dudit conseil), la direction saisit le conseil de discipline. Cette fois, après retournement d'un membre représentant le personnel (qui, curieusement, figurait comme trésorier dans le SAIGI *bis*), les sanctions – un an de suspension pour Pierre Secret, révocation définitive pour Pascal Gobry – sont votées et entérinées ensuite par un décret du président de la République.

Gobry, qui ne manque ni d'idées ni d'audace, avait amené au conseil de discipline, comme défenseur, Nathalie Raulin qu'on prit pour une avocate. Cette journaliste à *Libération* a raconté tout le conseil de discipline dans « Règlements de pontes à huis clos[1] ».

Pascal Gobry ne se laisse pas faire et intente une action en excès de pouvoir devant le Conseil d'État. Entre-temps, l'administration lui réserve toutes les attentions que mérite la résistance à l'autorité hiérarchique, notamment une succession de contrôles fiscaux et le rappel de primes déjà versées. Pour avoir suivi des affaires où étaient impliqués d'autres hauts fonctionnaires, nous en sommes à nous demander si le fait que les primes soient si élevées dans la haute fonction publique, jusqu'à atteindre voire dépasser le montant du traitement principal, n'a pas pour objet d'obtenir une obéissance servile par la menace de leur simple suppression ; de plus, l'utilisation du contrôle et du redressement fiscaux contre des fonctionnaires qui ne s'inclinent pas devant le pouvoir en place est un procédé que nous avons vu utiliser dans d'autres cas, au point de nous demander s'il n'est pas systématique.

L'affaire est plaidée devant le Conseil d'État et, ô horreur, dans son rapport du 5 février 2001, le commissaire du gouvernement se range du côté de Pascal Gobry.

Tout bascule pour la hiérarchie de l'INSEE. On assiste à partir de là à un spectacle extraordinaire : alors que l'instruction est terminée, l'affaire plaidée, l'avocat de l'INSEE introduit le 6 février une note en délibéré

---

1. *Libération*, 8 octobre 1998.

demandant la réouverture de l'instruction, sur la foi, dit-il, de nouvelles dépositions des membres du SAIGI *bis.*

Devant tout tribunal, une telle action serait généralement rejetée ; pas devant le Conseil d'État où, deux mois plus tard, après que les membres du SAIGI *bis* eurent par ailleurs rétracté leurs nouvelles dépositions, le commissaire du gouvernement se ravise et, sans vraiment qu'il soit apparu entre-temps de faits nouveaux, conclut à l'inverse de son premier rapport et est suivi par ses pairs.

Outre le trouble que cette affaire met dans les esprits sur les interférences qu'il peut y avoir entre notre plus haute institution judiciaire administrative et l'administration qu'elle est censée juger, cette histoire est impressionnante par les lueurs qu'elle projette sur le fonctionnement interne de notre administration et les procédés qu'elle est contrainte d'employer pour maintenir un semblant d'autorité. Une administration qui n'est plus en mesure d'accepter la critique interne sans risquer de s'effondrer est en pleine décomposition. On en retrouvera d'autres signes un peu plus tard lorsque deux administrateurs de l'INSEE, ayant eu le malheur de publier une étude sur les encouragements au chômage que constituent les différentes aides d'État, se sont trouvés livrés à la vindicte des syndicats.

Pour la petite histoire, on retrouvera Paul Champsaur sélectionné, avec le chef de l'inspection des Finances, par Dominique Strauss-Kahn pour préparer la réforme de la direction des Impôts qui se terminera par une grève géante début 2000, et la démission de Christian Sautter, son successeur.

Mais en France, dans les sommets de l'État, tout finit bien en général : Paul Champsaur sera donc nommé inspecteur des Finances. Il a été choisi plus récemment pour devenir président de l'ART (l'Autorité de régulation des télécommunications).

Pascal Gobry sera l'auteur de deux livres à succès, l'un sur les handicapés, l'autre sur les retraites[1]. Peut-être avait-il trop d'énergie et d'indépendance d'esprit, était-il trop entreprenant pour être un bon fonctionnaire ? Quoi qu'il en soit, le syndicalisme y a certainement perdu.

1. P. Gobry, *L'Enquête interdite. Handicapés : le scandale humain et financier*, Le Cherche-Midi, 2002, et *La Grande Duperie*, Plon, 2003.

Deuxième partie

Ces syndicats qui coulent le service public

Que défendent les syndicats lorsqu'ils font grève massivement comme en 1995 ou au printemps 2003 ? Qu'annoncent-ils à travers leurs déclarations et dans les médias ? Que veulent-ils protéger ?

En tête, la qualité d'un service public que, disent-ils, les autres pays nous envient. Dans les transports, cela s'exprime par la sécurité des voyageurs transportés. Dans les services de l'administration, notamment des Finances, ils disent lutter contre des charges de travail excessives ; dans l'enseignement, contre des classes ou des horaires surchargés.

Mais toujours, à ces justifications, se surajoutent des revendications au bénéfice des agents eux-mêmes : la réévaluation des salaires et des traitements, le rattrapage des prétendues inégalités observées avec le secteur privé ou la récupération des revenus perdus par l'inflation.

Toutes ces revendications sont-elles justifiées ? Que trouve-t-on lorsqu'on examine, dans le détail, les prestations de nos services publics en les comparant à leurs homologues des pays voisins, et les revenus, y compris les retraites, accordés aux agents des services publics ?

Chapitre I

Propagande et désinformation

Quel est le pays où il s'est produit, ces dernières années, le plus d'accidents de chemin de fer ? La Grande-Bretagne ? Perdu ! C'est la France.

Et pourtant, quasiment tous les Français répondent l'inverse, tant a été intense la campagne de propagande déclenchée par les syndicats et jamais désavouée par la direction de la SNCF. Car pour continuer de justifier un déficit faramineux, payé par le contribuable, et des effectifs indécents comparés avec l'étranger, il faut une excuse et c'est celle de la sécurité.

Les trains français seraient plus sûrs que leurs homologues et surtout que ceux du pays devenu le symbole du libéralisme et de la privatisation que les syndicats redoutent : la Grande-Bretagne, autrefois celle de Margaret Thatcher, aujourd'hui celle du travailliste Tony Blair qui n'a pas plus leurs faveurs !

La France compte donc, en réalité, au total presque quatre fois plus de victimes d'accidents ferroviaires que la Grande-Bretagne qu'on ne peut pas justifier uniquement par le trafic supérieur de 50 % en France : 62 milliards de passagers/km contre 41 milliards p./km. Les médias ont toujours gardé le silence, depuis des années, sur l'ampleur des déficits, abyssaux, de cette entreprise soi-disant modèle. Cette fois-ci il s'agit d'un nouveau

Nombre de tués dans les accidents impliquant des trains									
	1990	1991	1992	1993	1994	1995	1996	1997	1998
Belgique	20	18	22	23	30	20	26	18	30
Danemark	6	13	16	8	9	10			
Allemagne	250	304	325	283	272	275	252	235	225
Grèce	34	50	28	61	42	49	42	43	47
Espagne	30	30	30	32	31	22	21	37	13
France	188	122	203	171	150	129	136	117	**138**
Irlande	14	11	11	3	11	7	8	14	
Italie	83	96	116	86	83	120	106	98	97
Luxembourg	2	4	1	4	5	3	3	3	1
Pays-Bas	43	39	34	35	35	35	49	36	
Autriche	54	76	31	66	52	68	47	23	35
Portugal	131	139	148	132	149	95	122	119	97
Finlande	36	34	31	20	30	17	12	21	24
Suède	18	26	29	19	11	9	17	11	17
Grande-Bretagne	78	68	39	40	42	28	25	48	**36**

Source : Eurostat.

mensonge idéologique dont le but est le même : ne pas toucher au mythe du merveilleux service public à la française.

La fin du mois de janvier 2002 a été dramatique pour la SNCF. Huit personnes sont mortes et quatre ont été blessées dans plusieurs accidents de train : un TGV a percuté un poids lourd sur la ligne Dunkerque-Paris ; le conducteur d'un camion a été tué par un train à un passage à niveau dans le Tarn ; une voiture a été percutée par un train dans le Pas-de-Calais ; enfin, une collision frontale entre un train italien et un train français dans un tunnel près de Tende (Alpes-Maritimes) a fait deux morts et quatre blessés. Même si les enquêtes pour déterminer les responsables sont en cours, il faut toutefois rappeler que la SNCF est en charge des passages à niveau et des tunnels et qu'elle est donc... responsable.

Ces drames ont provoqué des commentaires et des reportages dans les médias. Mais sans aucune mesure avec le traitement de faveur accordé par les mêmes médias aux accidents de train en Grande-Bretagne. Sur toutes les ondes, plusieurs jours de suite, bruissent les mêmes rengaines : c'est la privatisation des chemins de fer britanniques qui est la cause de ces catastrophes.

Les accidents des chemins de fer ne sont pourtant pas l'apanage des privatisations. La preuve : depuis 1945, l'infaillible « service public à la française » dénombre plus de 600 morts.

Accidents graves en France depuis 1945		
12 novembre 1946	accident à Revigny-sur-Ornain (Meuse)	**15 morts**
1947	déraillement (sabotage de la voie par les communistes) Paris-Lille (près d'Arras)	**16 morts, 60 blessés**
17-18 février 1949	accident à Port-d'Atelier-Amance (Haute-Saône)	**42 morts**
3 juillet 1954	accident à Châteaubourg (Ardèche)	plus de **35 morts**
14 juin 1956	accident du train Paris-Luxembourg, à Fismes (Marne)	**11 morts**
19 juin 1957	accident à Boisleux-au-Mont (Pas-de-Calais)	**11 morts, 17 blessés**
19 juillet 1957	déraillement du train Nice-Paris à Bollène (Vaucluse)	**20 morts**
7 septembre 1957	déraillement du train Paris-Nîmes à Nozières-Brignon (Gard)	**26 morts**
16 novembre 1957	à Chantonnay (Vendée), collision entre autorail et train de marchandises	**29 morts**
18 juin 1961	déraillement du train Strasbourg-Paris à Vitry-le-François (Marne)	**24 morts**

23 juillet 1962	déraillement du train Paris-Marseille à Velars-sur-Ouche (près de Dijon)	**39 morts**
octobre 1962	accident à Montbard (Côte-d'Or)	**12 morts**
28 août 1965	Collision entre Simplon Express et Lombardie Express à la gare de Pont-d'Héry (Jura)	**12 morts**
21 octobre 1966	déraillement du train Montargis-Nevers à Cosne-Cours-sur-Loire (Nièvre)	**9 morts**
14 mars 1972	déraillement du turbo-train Paris-Caen	**4 morts**
16 juin 1972	effondrement sur deux trains de la voûte du tunnel de Vierzy (Aisne)	**108 morts**
4 août 1974	déraillement à Dol-de-Bretagne du train Caen-Rennes	**10 morts**
22 mai 1975	accident à Séméac (Hautes-Pyrénées)	**5 morts**
mars 1981	accident à Beaune (Côte-d'Or)	**2 morts**
16 janvier 1982	accident à Épinay-sur-Seine (Seine-Saint-Denis)	**3 morts, 33 blessés**
26 juillet 1983	accident du train Barbentane-Rognonas (Bouches-du-Rhône)	**5 morts**
8 juillet 1985	à Saint-Pierre-du-Vauvray (Eure), collision avec poids lourd	**9 morts, 54 blessés**
3 août 1985	à Flaujac (Lot), collision train Corail-autorail	**35 morts, 160 blessés**
31 août 1985	à Argenton-sur-Creuse (Indre), déraillement et collision	**43 morts, 38 blessés**
24 décembre 1987	à Issy-la Plaine (Hauts-de-Seine) collision de deux trains du RER	**1 mort, 40 blessés**

27 juin 1988	à la gare de Lyon, à Paris, un train de banlieue percute un convoi arrêté	**59 morts (dont 3 agents) et 33 blessés (dont 2 agents)**
6 août 1988	accident à la gare de l'Est à Paris	**1 mort et 57 blessés**
23 septembre 1988	à Voiron (Isère), collision entre un TGV et un convoi immobilisé sur passage à niveau	**2 morts**
7 novembre 1988	à Aÿ (Marne) erreur d'aiguillage	**4 morts**
2 avril 1990	à la gare d'Austerlitz, à Paris, un train défonce un boutoir, traverse le quai et percute une buvette ; heureusement, pas de victimes	
5 octobre 1991	accident à Lyon	**4 morts**
17 octobre 1991	collision (non-respect de la signalisation) à Melun (Seine-et-Marne)	**16 morts**
16 septembre 1992	à Curis-au-Mont-d'Or (Rhône), un train Corail qui aurait franchi un feu rouge a percuté un convoi de marchandises à l'arrêt	**1 mort, 31 blessés**
8 septembre 1997	à Port-Saint-Foy-et-Pontchapt (Dordogne) collision train-camion citerne sur passage à niveau	**15 morts, 42 blessés**
4 juin 2000	déraillement du train Vintimille-Calais	**2 morts**
Accidents de train dont, entre parenthèses, collisions. *1980* : 128 (47) ; *1985* : 124 (49) ; *1990* : 109 (56) ; *1995* : 74 (46) ; *1998* : 109 (62) ; *1999* : 89 (47) ; *2000* : 129 (72)		
Accidents individuels (chute d'un train, heurt par un train, etc.) : *1980* : 283 ; *1985* : 301 ; *1990* : 220 ; *1995* : 137 ; *1998* : 142 ; *1999* : 115 ; *2000* : 192.		

Autres (par exemple : avaries, en pleine voie, de véhicule moteur, rupture de caténaire) : *1980* : 56 ; *1985* : 173 ; *1990* : 172 ; *1998* : 156 ; *1999* : 165 ; *2000* : 192.
Passage à niveau : *1980* : 276 ; *1985* : 299 ; *1990* : 215 ; *1995* : 154 ; *1999* : 181 ; *2000* : 171 dont collisions de véhicules ferroviaires et routiers sur passages à niveau : avec signalisation automatique : 107, non gardés (sans barrières, ni signalisation) : 35. Accidents piétons : 20.
En 2000 : tués : 49, blessés graves : 20.

Source : Quid 2003.

La sécurité aérienne

C'est le même thème, celui de la sécurité, que brandissent les contrôleurs aériens. Si l'on consulte le site Internet de la DGAC (Direction générale de l'aviation civile), on trouve trois objectifs principaux :

1. Améliorer la sécurité.
2. Améliorer la sécurité.
3. Et améliorer la sécurité.

La même consultation pour le FAA aux États-Unis (l'équivalent de la DGAC) donne :

1. Favoriser le développement de l'usage de l'espace aérien sous toutes ses formes.
2. Améliorer la sécurité.
3. Atteindre les objectifs 1 et 2 à un coût raisonnable pour les utilisateurs.

Ajoutons qu'ayant recherché des statistiques permettant de comparer le niveau de sécurité en France avec celui d'autres pays, par exemple une statistique des « airmiss » (avions passés au voisinage d'un autre avec une distance inférieure à la norme de sécurité), aucun organisme, pas même l'IATA[1] n'a pu nous la fournir. Ces chiffres sont apparemment trop faibles pour être dignes d'être publiés.

Le service public à la française que le monde nous envie

Un autre thème récurrent dans le débat public est celui de la qualité du service public à la française. Il faudrait défendre nos services publics et les privilèges de ceux qui y sont employés car nous aurions de meilleurs services qu'à l'étranger. Les réalités sont tout autres.

Dans une étude déjà ancienne sur La Poste mais dont rien ne laisse à penser que les conclusions ont été modifiées (bien au contraire, si on ajoute les grèves larvées devenues depuis quelques années une constante du service postal), on constate que bien que les services postaux français emploient environ 300 000 personnes, autant que la Poste américaine, un pays cinq fois plus grand et plus peuplé (écarts qui sont loin d'expliquer les différences d'activité, notamment en matière de services financiers), les durées d'acheminement y sont beaucoup plus longues.

Quand on compare maintenant avec les pays européens, en France 75 % environ des lettres sont distribuées le lendemain contre 95 % dans les postes européennes les plus efficaces, allemandes et néerlandaises : 20 points d'écart. Et malgré des contrats de plan signés avec l'État, la situation ne s'améliore pas, elle aurait plutôt tendance à se dégrader... hors des périodes de grève ! D'une façon plus générale, une enquête statistique réalisée en 2002 par le *Reader's Digest* montre qu'un tiers des Français sont mécontents de leurs services publics.

1. International Air Transport Association.

Comme pour le verre à moitié plein, les médias, et notamment les télévisions publiques dont les propres syndicalistes défendent la cause des autres syndicats, insistaient sur le fait que deux tiers des Français seraient satisfaits de leurs services publics.

Mais ce que ne révélait pas ce chiffre global, c'est qu'au fur et à mesure que l'enquête s'adressait à des clients plus éduqués et plus informés, le pourcentage de satisfaction baissait. Ce pourcentage restait encore autour de la moitié pour les services publics pour lesquels il n'existe pas de concurrence tels que les transports aériens et ferroviaires.

Lorsqu'on en arrivait à des services publics sur lesquels les Français sont informés, comme la radio ou la télévision où la concurrence existe, le pourcentage de personnes estimant que seuls les services publics doivent en assurer la charge tombe autour de 20 %.

Si les Français savaient et pouvaient comparer, c'est une révolution qui secouerait nos syndicats. C'est d'ailleurs ce que font de plus en plus de Français qui s'expatrient à l'étranger et qui ont l'occasion de voir de leurs yeux les performances étrangères. Y compris dans les pays où les syndicats sont les plus forts, peut-être précisément parce que ce sont ceux où ils sont le plus performants et apportent un vrai service, comme la Suède.

Pour l'instant, en France, nos syndicats et les éléments les plus extrêmes, nourris au marxisme ou au trotskisme comme SUD, en restent à vouloir faire triompher l'idéologie sur les faits.

C'est ce que raconte, par exemple, un inspecteur du travail, Paul Cravenne[1]. Membre des « cathos de gauche », comme il se présente lui-même, il participe à Mai 68, entre au centre de formation d'inspecteur du

1. Paul Cravenne, *Le Mensonge idéologique*, Centre d'observation sociale (16, boulevard Raspail, 75007 Paris).

travail, adhère à la section CFDT et se trouve confronté à l'affaire Mathieu.

Mathieu, technicien dans une usine X (vraisemblablement sidérurgique), est retrouvé mort sur une passerelle après une chute de vingt mètres. La conviction de Paul Cravenne est rapidement faite : il s'agit d'un suicide ; en effet :

– M. Mathieu avait dit, deux jours avant, à son ingénieur et à son adjoint qu'il allait se suicider.

– Il avait rendez-vous le soir même chez son psychiatre (troisième séance).

– La lisse, la sous-lisse, la plinthe du garde-corps de la passerelle d'où il est tombé étaient en parfait état.

– Il était allé dans cette partie de l'usine sans prévenir en salle de contrôle, ce qui est formellement interdit.

– Il n'avait rien à y faire professionnellement.

Malgré ces éléments décisifs, dès le lendemain, le PC et les sections syndicales CGT et CFDT défendent la thèse de l'accident de travail. « Nouvelle victime du travail à X ; seul au travail, il fait une chute de soixante mètres. »

Un peu plus tard, la position syndicale évoluera : ce ne sera plus seulement un accident du travail mais un accident « dû aux feux continus ». Pour sa part, Paul Cravenne fut l'objet, pendant des années, de campagnes l'accusant d'être du côté des patrons.

Il qualifie d'ouvriérisme ou de racisme anti-patron « le contenu d'une certaine "formation" syndicale [qui] revient donc à fanatiser les salariés contre leur patron à partir, en général, de concepts d'un schématisme affligeant mais qui, par leur prétentieux vocabulaire "scientifique" (plus-value, force de travail, baisse tendancielle du taux du profit, etc.), remplissent, bien leur fonction[1] ».

Et dans une remarque d'une rare profondeur, il note : « ... au lieu de contribuer à faire que des personnes

1. *Ibid.*, p. 50.

d'origine modeste acquièrent la formation et l'esprit critique dont elles ont souvent été privées du fait d'une vie scolaire soit inexistante, soit trop courte, soit trop spécialisée, ce courant syndical et politique ne fait qu'amplifier ces vues irresponsables, simplistes, limitées ou égoïstes. En cela il est, au sens le plus péjoratif du terme, paternaliste[1]. »

C'est peut-être aussi parce que les salariés sont de plus en plus éduqués et informés de ce qui se passe dans le reste du monde que le syndicalisme est en train de mourir en France.

1. *Ibid.*, p. 48.

Chapitre II

Une conquête syndicale : ne rien faire

Depuis longtemps, les syndicats ont choisi de tout oser, dans la plus parfaite impunité. Le plus choquant est de les entendre en permanence réclamer plus de moyens en personnel alors que celui qui existe ne sait déjà pas quoi faire !

Oh, bien sûr, ce n'est pas le cas dans les hôpitaux – on l'a encore constaté cet été – où le personnel soignant, en particulier les infirmiers, est en sous-effectif par rapport aux besoins. Mais c'est le cas dans beaucoup d'autres services publics, le plus caricatural de ce point de vue étant le personnel des Finances.

C'est probablement à cela que devait penser Dominique Strauss-Kahn, alors ministre des Finances, à qui on prête cette boutade au moment du vote de la RTT (réduction du temps de travail) : « 35 heures peut-être, mais très progressivement : d'abord 30 heures, puis 31, puis... » Comme le montrent trois enquêtes que nous allons citer, le temps de travail réel dans cette administration n'excède pas, en moyenne, une dizaine à une quinzaine d'heures par semaine.

La première enquête, menée par l'inspection des Finances sous la direction de Jean-Luc Lépine, à l'initiative de Dominique Strauss-Kahn, montrait que le coût de collecte de l'impôt est en France le plus élevé des pays développés, représentant environ 1,4 % du montant de la collecte contre quelque 0,6 % pour les pays les plus performants comme les États-Unis.

Le rapport des coûts[1] de collecte est en proportion des effectifs où l'IRS, la direction générale des Impôts américaine, emploie environ 100 000 personnes, autant que la DGI française, pour un pays cinq fois plus peuplé[2]. En tenant compte de ce que la ponction fiscale française est environ 50 % supérieure à la ponction fiscale américaine rapportée au PIB, on retrouve bien qu'à prélèvement égal, la DGI emploie environ trois fois plus de monde que l'IRS.

Cet écart peut provenir en partie d'une sous-productivité propre à la France, les syndicats s'évertuant, avec une obstination très efficace, à empêcher l'informatisation au nom de la défense de l'emploi et obligeant ainsi la DGI à consacrer plus de 70 % de son budget à des dépenses de personnel, au détriment des investissements, y compris ceux qui amélioreraient les conditions de travail du personnel dont beaucoup se trouvent dans une ambiance plus proche du monde de Courteline que de Bill Gates.

Cet aperçu statistique d'ensemble paraît corroboré qualitativement par deux enquêtes publiées dans la revue *Société civile*, que nous reproduisons intégralement,

1. Ce sont les coûts supportés par l'administration ; ils ne comportent pas les coûts supportés par les contribuables pour faire face à leurs obligations fiscales, coût dont une enquête américaine laisse à penser qu'ils dépassent 20 % du produit de l'impôt, la plus grande partie des frais de mesure et de calcul de l'impôt étant assumée par le déclarant.

2. Certes, la DGI française s'occupe de la collecte des impôts locaux, ce que ne fait pas l'IRS. Mais les effectifs mentionnés en France ne comptent pas le personnel qui, à la direction de la Comptabilité publique, s'occupe de cette collecte et l'un compense à peu près l'autre.

l'une au sein d'une unité de contrôle fiscal décentralisée de la région parisienne, menée par une collaboratrice de l'iFRAP, l'autre dans une trésorerie.

VOYAGE INITIATIQUE AU CENTRE DES IMPÔTS

Mai-juin 2002. Je suis engagée pour un délai d'un mois au titre d'agent vacataire dans un centre des Impôts de la zone Ouest parisienne.

L'enquête que je m'apprête à mener consiste à vérifier si les agents de la DGI ont intégré dans leur comportement au quotidien et fait leur la philosophie nouvelle en vogue dans les couloirs de Bercy. Cette réforme est présentée dans le « Rapport de performances 2001 » (document de 150 pages environ édité par le ministère de l'Économie, des Finances et de l'Industrie) qui fait état d'une nouvelle gestion publique via le « contrat d'objectifs et de moyens » signé avec la direction du Budget le 31 janvier 2001. Par ce contrat, la DGI entend poursuivre quatre engagements de résultat qui correspondent en premier lieu à améliorer la qualité du service rendu aux usagers ; en deuxième lieu, à assurer le bon fonctionnement du système déclaratif ; puis, en troisième lieu, à préparer l'administration fiscale électronique et enfin, à faire bénéficier les agents de la modernisation de la DGI.

Investis d'une mission dictée par un nouveau courant de pensée, les agents des Impôts sont-ils efficients et au service des usagers ?

Monsieur V., contrôleur des impôts représentant du SNUI (Syndicat national unifié des impôts) au sein du centre dans lequel il est affecté, parle en ces termes des exigences de services que devraient être en droit d'attendre les usagers : « La direction générale des Impôts nous demande d'être plus aimables avec les usagers, ils nous font passer des notes de service exigeant des standards de qualité, à notre sens intolérables. Nous nous devons d'être rentables, au même titre qu'une entreprise du privé, nous devons répondre aux questions des usagers et cela dans un délai qui est le plus bref possible, mais cela est tout à fait impossible compte tenu du manque de moyens. La direction générale nous parle d'"usagers", voire même de "clients", mais j'estime ne pas avoir à être sympathique envers un contribuable qui ne me respecte pas. Actuellement, nous assistons à une fuite des institutions et je n'ai plus l'impression aujourd'hui d'être au service de l'État, mais d'être le laquais du gouvernement. Mon travail, c'est de contrôler les contribuables ! »

Le contrat d'objectifs et de moyens signé le 31 janvier 2001 prévoit – c'est la priorité de la DGI – d'améliorer la qualité du service rendu aux usagers. Cinq standards de qualité sont retenus :

1. La généralisation de la réception sur rendez-vous ;
2. Pas d'appel téléphonique sans suite ;
3. L'envoi des formulaires à domicile ;
4. La systématisation des réponses d'attente quand une expertise est nécessaire ;
5. La levée de l'anonymat par l'identification de l'interlocuteur aussi bien dans les correspondances que lors de l'accueil physique ou par téléphone.

L'attitude des différents syndicats à l'égard de l'accueil réservé aux usagers se recoupe : aucun n'est favorable aux nouvelles instructions ! C'est ainsi qu'on peut lire dans le magazine édité par le SNADGI (Syndicat national des agents de la direction générale des impôts), sous la rubrique « Drôle de questions » : « Au moment où ce journal sera distribué, les résultats de l'écrit du concours interne d'inspecteur-élève des impôts et d'analyste auront été publiés et la préparation fébrile de l'oral aura commencé pour de nombreux camarades. Autant que ces derniers le sachent, la "compilation" des questions recueillies auprès des candidats de l'an dernier nous a quelque peu surpris ! Certes, il n'y a pas de sujet tabou et nous savons que le jury ne cherche pas à apprécier que des connaissances mais, pour tester les capacités de raisonnement et les réactions des futurs cadres A, fallait-il obligatoirement rester dans la tonalité du rapport Lépine ?

Jugez plutôt :

– Que pensez-vous de la rémunération au mérite ?

– Faut-il moduler la prime de rendement ?

– Comment apprécier la quantité de travail d'un fonctionnaire ?

– Peut-on mesurer la productivité d'une administration ?

– Accepteriez-vous de travaillez le samedi ?... entre 12 et 14 heures ?...

– Y a-t-il trop de fonctionnaires ?

– Faut-il supprimer des effectifs à la DGI pour créer davantage de postes d'enseignants ?

– Que pensez-vous de la mobilité ?

– Si vous réussissez au concours, êtes-vous prêt à accepter n'importe quel poste, n'importe où ?

On sait combien l'administration est friande de sondages ces derniers temps, là voilà donc profitant de ses concours internes pour parfaire ses connaissances des agents (et pour mettre, au passage, un coup de pression sur ses futurs inspecteurs)... »

Mercredi, 8 h 45, heure précise de ma convocation, je franchis pour la première fois la porte du centre qui va m'accueillir pendant un mois complet. Plusieurs dizaines d'agents se côtoient tous les jours entre ces murs. Après avoir pris contact avec la responsable du centre, je suis conduite au premier étage, dans mon service d'adoption. Ma première heure en tant que vacataire des Impôts se déroule assise sur une chaise dans le couloir à attendre que mes différents collègues arrivent.

Le service auquel je suis affectée se compose de quatre personnes au total : deux inspecteurs et deux contrôleurs. Ce jour-là précisément, l'une des inspectrices est en congé hebdomadaire, l'autre en arrêt maladie, quant aux contrôleurs, l'un d'entre eux est en congé RTT.

Vers 9 h 30, mon collègue arrive. Jeune contrôleur, M. S.[1] est un homme d'une trentaine d'années. Les présentations faites, il m'indique l'objet de la tâche que je dois exécuter. Il s'agit pour moi de classer plusieurs centaines de fiches par secteur, puis de classer le nom des rues et des personnes par ordre alphabétique, ainsi que par ordre croissant de numéros. Mon nouveau collègue me signale que ce travail devrait m'occuper pendant trois ou quatre jours.

Je commence alors mon travail de Titan. Tout en classant les fiches, S. me questionne et s'informe, entre autres, sur le nombre d'heures de travail que je suis supposée effectuer dans une journée. Je lui précise que je suis engagée pour travailler sept heures et quinze minutes par jour. Il me répond : « Dans la mesure où tu n'es pas contrainte de pointer à chaque fois que tu entres et sors des locaux, les responsables ne peuvent pas savoir exactement si tu es présente pendant ces heures, alors, arrange-toi pour faire à peu près ce nombre d'heures, mais tu fais comme tu le veux. Tu sais, nous ne sommes pas trop à cheval sur les horaires, donc tu peux en profiter. »

À ce propos d'ailleurs, mon nouveau collègue me fait part de quelques recettes et astuces qui se pratiquent au sein des CDI (centres des Impôts). Au fil des ans, certains ont élaboré des ruses afin d'échapper à leurs obli-

1. Les noms des personnes et des lieux ont volontairement été modifiés.

gations de service et ont mis au point des stratégies pour tromper leurs responsables. C'est ainsi qu'au lieu de passer leurs journées à travailler, certains préfèrent les passer entre des courses et des parties de tennis. Les responsables, plus spécifiquement en province, sont généralement au courant de ce type de pratiques, mais ferment les yeux sur le fait que les agents pointent tous les matins et à midi, à l'heure du repas, pour ne revenir que le soir, pointer à nouveau avant de partir.

Le lendemain, non pas en trois ou quatre jours comme prévu initialement, mais en un jour et demi, je termine le travail que l'on m'a confié et ce, aux alentours de 11 h 45. Visiblement impressionnée par mon efficacité, l'inspectrice me conseille : « Tu ne devrais pas aller si vite, sinon on ne saura pas quoi te donner à faire par la suite. » Puis, après s'être concertée avec le contrôleur, elle me dit : « Il est déjà 11 h 45, on va aller déjeuner vers 12 h 30, ça n'est pas la peine que tu commences un autre travail. On verra bien cet après-midi. »

La première impression est la bonne : c'est important, afin de bien comprendre l'état d'esprit des agents, de connaître la philosophie en pratique. La carrière d'un fonctionnaire de l'administration des Finances se joue la première année et ne tient qu'à l'impression donnée durant cette période, période qui équivaut à celle de la titularisation de l'agent (période de probation). S., pensant que je désirais rentrer dans l'administration, me confiait : « Ah oui, ce qu'il est important que tu saches, c'est que la première impression que tu donneras lors de la première année sera celle qui te poursuivra pendant tout le restant de ta carrière, et cela peu importe si les faits changent par la suite, que tu sois bonne ou mauvaise. Alors je te conseille de mettre le paquet la première année et après tu seras tranquille tout le restant de ta vie. »

Les agents arrivent, en général, entre 8 heures et 9 h 30 du matin, en raison des horaires décalés. Le temps de travail au sein du ministère des Finances est, depuis le 1er janvier 2002, annualisé. Par conséquent, un agent doit comptabiliser 1 600 heures de travail dans l'année, réparties à sa convenance, mais cependant de manière régulière au quotidien. Lorsque j'arrive à 8 h 45, mes collègues N. et F., respectivement contrôleur et inspecteur, sont déjà arrivés et sont en pleine conversation matinale, conversation à laquelle je me joins. Petit à petit, les minutes s'égrènent et les locaux se remplissent.

Dès leur arrivée, d'autres collègues, un café à la main, prennent part à leur tour à notre discussion. Dix heures s'affichent à la montre d'un collègue, il est temps que chacun regagne sa place. Après avoir passé en revue les sujets du moment, à savoir ce qui se passait dans le *Loft*, les demandes de mutation des agents ou encore les vacances, les agents consultent leur courrier sur l'intranet (réseau interne à la DGI). À la base et à terme, l'intranet est un outil de travail qui permet aux agents de communiquer entre eux et avec les usagers afin de régler au plus vite et de manière efficace les problèmes qui leur sont posés. À l'heure actuelle, c'est uniquement un moyen pour eux d'échanger des messages et des blagues qu'ils trouvent sur Internet et qu'ils diffusent à grande échelle sur le réseau interne du ministère.

Pendant toute la matinée, c'est la cohue. Une multitude de personnes se pressent et se suivent dans notre bureau. Tantôt, une inspectrice en manque de motivation vient nous raconter à quel point elle s'ennuie, tantôt un vérificateur pointe son nez pour nous faire part de ses scores en matière de redressement ou encore, des agents vont et viennent pour simplement dire bonjour.

Vers 11 heures, un monsieur d'un âge honorable vient dans notre bureau (ma vacation coïncide avec une période pendant laquelle les usagers sont libres de venir consulter leur contrôleur). Sa requête concerne un point au sujet de sa rente viagère. Le contrôleur, ne sachant répondre, l'oriente vers un autre contrôleur d'un autre secteur, qui a plus d'expérience que lui dans ce domaine. L'homme parti, le contrôleur ignorant ne cherche pas à se documenter sur la question et à approfondir ses connaissances, bien au contraire, il me dit : « Tu vois, il faut être polyvalent quand tu travailles ici. » Après cela, il se remet à sa tâche, qui sera interrompue régulièrement par des interjections ou des bribes de conversations à la volée.

Vers 12 h 30, c'est l'heure de la pause méridienne, terme qui désigne la pause déjeuner. Cette pause obligatoire doit durer au minimum quarante-cinq minutes. En quittant le bâtiment, nous trouvons un groupe d'agents qui travaillent au même étage que nous, en rond, autour de la machine à café, un gobelet à la main. Une fois notre pause de midi terminée, en rentrant dans le bâtiment, nous retrouvons les mêmes personnes toujours absorbées dans leurs discussions.

De retour du déjeuner vers 13 h 15, les agents se livrent alors à l'un des nombreux rituels en vigueur, se connecter sur l'intranet pour communiquer avec les autres agents ou encore s'adonner au cérémonial des jeux. Il faut d'ailleurs savoir que ces jeux (par exemple, des jeux qui consistent à mitrailler des pingouins sur la banquise) avaient été interdits et retirés de l'intranet par la direction, mais réintroduits par des agents les ayant piratés sur Internet.

Vers 14 heures, une délégation de trois personnes de l'autre secteur arrive pour partager problèmes et tracas du jour. Personnage haut en couleur, le contrôleur de l'autre zone ne cessera de se plaindre : « Il y a trop de travail, nous sommes débordés et ne savons vraiment pas comment nous en sortir, il y a trop de dossiers qui s'accumulent. » Une heure et demie plus tard, à bout d'arguments, ils se retirent dans leur bureau.

Pendant ce temps, un inspecteur du nom de C. vient nous voir. Il désire consulter des dossiers. Tout à coup, il hurle de joie et s'exclame : « Oui ! L'Allemagne vient de marquer un but ! » Relié en permanence par un écouteur avec une station de radio, il suit en direct le match qui se déroule en ce moment même au Japon. En effet, nous sommes en plein mondial, l'un des événements marquants du moment. Amateur de foot, S. a, quant à lui, passé un mois complet avant le début des festivités à travailler sur un logiciel pour organiser un concours inter-centres des Impôts. Comme tous les jours, après le match, il se connecte sur son logiciel pour évaluer les résultats et faire de nouveaux pronostics. Ce jour-là, comme les autres, un collègue particulièrement attentif aux résultats des uns et des autres l'appelle pour discuter des prochains matchs et mettre au point une stratégie.

Vers 16 heures, une femme entre dans le bureau. Elle désire des renseignements et des conseils afin de payer moins d'impôts. Mon collègue lui répond qu'il ne peut malheureusement pas lui venir en aide. La femme, après avoir déposé les documents qu'elle était notamment venue remettre, s'en va. À ce moment-là, S. me regarde et déclare : « Si elle veut payer moins d'impôts, on peut toujours échanger nos fiches de paye. De toute façon, je ne suis pas là pour lui donner des conseils, ça n'est pas mon rôle. Mon métier c'est de la contrôler. »

À ce moment-là, l'inspectrice responsable du service entre dans notre bureau et me présente le dossier d'un homme qu'elle soupçonne de fraude. Elle est contente car l'homme en question représente une forte somme d'argent. En effet, le but des agents des Impôts est de « capturer un gros poisson » pour atteindre plus aisément les objectifs, en termes d'argent, fixés par la direction. Cependant, sa joie est de courte durée car je lui fais remarquer qu'elle s'est trompée dans les dates et que par conséquent l'homme en question n'a pas fraudé.

C'est alors que j'ouvre un magazine. Mes collègues, sympathiques, me conseillent de le cacher dans un dossier au cas où la responsable du centre rôderait dans les couloirs. Puis, ils me demandent s'il leur est possible de consulter ledit magazine après que je l'ai lu.

Vers 17 heures, la journée se termine, mes collègues consultent quelques dossiers avant de plier leurs affaires et de rentrer chez eux, jusqu'au lendemain...

QUELQUES HEURES DANS LA VIE D'UNE TRÉSORERIE PRINCIPALE

Voici le récit d'un autre collaborateur de l'iFRAP en contact avec un des services en province de Bercy :

35 personnes font officiellement partie du personnel de cette trésorerie principale. Tous fonctionnaires mais pas tous présents au poste : certains sont en RTT, d'autres en vacances, d'autres encore en arrêt maladie ; on compte en règle générale au maximum une vingtaine de personnes présentes pour une charge de travail qui ne devrait de toute façon en occuper que 10. Alors... Il semble que le jour de notre visite ne déroge pas à la règle. Nous allons passer quelques heures en compagnie du trésorier principal qui dirige ces 35 personnes. Il ne s'agit pas d'un novice dans le poste, il a plus de trente ans de métier derrière lui et ce qu'il nous confie n'est pas l'apanage de l'établissement où il travaille aujourd'hui. Il

a déjà observé les mêmes comportements dans d'autres établissements.

Dès que l'on passe la porte de la trésorerie, on commence à comprendre : peu d'agents présents, peu d'empressement. Les congés sont nombreux. Il faut en effet ajouter aux trente jours de congés légaux (six semaines) les deux jours de fractionnement, les treize jours de récupération en raison de la réduction du temps de travail, mais aussi éventuellement les deux jours pour enfant malade, d'autres pour déménagement, préparation au concours, les trois à quatre jours par an de formation, les ponts, voire les jours de rattrapage si un jour férié tombe un week-end, etc.

Le passage aux 35 heures a demandé un an et demi de négociations entre la direction de la Comptabilité publique qui souhaitait des 35 heures sans création de poste et des syndicats qui n'entendaient en aucun cas revenir sur leurs avantages acquis. Au final, rien n'a été remis en cause.

Quand on entre dans le bureau du trésorier principal, on est surpris par le nombre de lettres en attente qui l'entourent. Des piles et des piles en souffrance s'amoncèlent sur tout ce qui peut les contenir, tables, bureaux, mais aussi par terre, partout. En effet, l'une des activités principales d'une trésorerie est le recouvrement. En découle un nombre substantiel de lettres à envoyer. Ces lettres génèrent un travail pas vraiment qualifiant mais nécessaire de pliage, étiquetage. Or le trésorier principal ne trouve personne pour le faire. Pire, il ne peut demander à personne de le faire. Les agents répondent qu'ils n'ont pas été embauchés pour cela et il n'a aucun moyen de pression. Il ne les a pas embauchés. Il ne les débauchera pas puisqu'il n'en est pas question dans l'administration à moins, comme le dit le dicton populaire, d'avoir tué père et mère. Et quel intérêt un agent aurait-il à en faire plus que son voisin ? Même quand il fait bien son travail, il n'a aucun moyen de le valoriser.

Autrefois, le trésorier principal s'arrangeait. Étaient accordés un ou deux jours de congés supplémentaires ; aujourd'hui il n'y a plus rien. Maintenant, rien ne motive l'agent pour faire quelque chose que tous considèrent comme en dehors de leur champ d'attribution même si cela demeure l'une des activités principales de la maison.

À la question posée au trésorier principal : « Quelle est votre autorité sur votre personnel ? » la réponse est : « Nulle, strictement aucune » et il ajoute en boutade : « À part l'autorité que me donne mon grand âge. » Plutôt désarmant, surtout quand il vous raconte que les 3 000 lettres de recouvrement précédentes, il les a mises sous pli le week-end avec sa femme, alors que toute la semaine la station des agents devant la machine à café ne désemplit pas. Il est même difficile à certains moments de trouver quelqu'un à son bureau. Deux machines sont installées aux deux extrémités des locaux et le grand jeu consiste pour chacun à se rendre à celle qui est le plus éloignée de son poste de travail.

La notation des agents n'est pas non plus un moyen que le trésorier peut utiliser pour les inciter au travail. Il a déjà fait l'expérience de ne pas mettre la note maximale à un agent. Par la force bienveillante des syndicats, ce n'est pas l'agent moins bien noté qui a été inquiété, mais lui, le trésorier, c'est à lui que l'on a demandé des comptes, des justifications à n'en plus finir. Sa politique aujourd'hui : mettre 19 à tout le monde. Pourquoi d'ailleurs passer trop de temps à cette notation puisque la note définitive revient au trésorier-payeur général qui, lui, ne connaît pas les agents.

Sur les 35 personnes, hormis le trésorier principal, aucun n'est véritablement comptable. La dernière recrue est un spécialiste en droit du cinéma. Les épreuves du concours pour être agent de recouvrement n'ont rien à voir avec la pratique du métier de comptable. Sont demandés : corriger les fautes dans une dictée, une rédaction, des exercices d'arithmétique simples, le commentaire de tableaux. Aussi n'avez-vous personne dans le service qui ait une pratique ou des connaissances réelles en comptabilité. « On leur demande de savoir tenir un stylo », confie le trésorier principal.

Il est certains avantages que nul ne penserait à remettre en question. La formation en est un. Dans cette trésorerie, les agents se servent depuis des années de Windows. Pourtant, lorsque le matériel informatique a été changé, il y a peu de temps, l'administration a automatiquement proposé à l'ensemble du personnel des formations... Windows. Tout le monde a dit oui. Après vérification dans leurs dossiers, ils en avaient déjà tous fait au moins deux.

La trésorerie fait office de mini-citadelle imprenable. Une caissière se plaint amèrement d'avoir attendu la veille au guichet de La Poste alors que les trois guichetiers du bureau de Poste discutaient ensemble sans se soucier du public qu'ils ont en charge d'accueillir. Ses explications se prolongent avec trois de ses collègues alors que de l'autre côté de la vitre une douzaine de personnes attendent patiemment leur tour. Son supérieur arrive et lui fait remarquer qu'elle fait subir à d'autres se dont elle se plaint et la réponse de cette dernière est aussi surprenante que définitive : « Oui, mais nous ce n'est pas pareil ! » En quoi ? Mystère.

Nous sommes au moment de la pause déjeuner, la fameuse pause méridienne en langage administratif. Tout à coup, panne de courant. Un agent passe dans les couloirs en hurlant : « Je n'ai pas pu pointer, je perds du temps ! » Un autre proteste : « Combien de temps cela va-t-il durer ? On ne peut pas faire chauffer le café... »

Personne ne se plaint de ne pouvoir travailler. Sur les 20 agents présents, personne n'est à son bureau ; pourtant ils sont tous rentrés de leur pause déjeuner et ont pointé comme étant présents au travail. La pause de 45 minutes se transforme tous les midis en pause de deux heures, soit une interruption de 12 heures à 14 heures autour d'un café, d'une cigarette, à se raconter les anecdotes de la journée. Ce ne sont que les plombs qui ont sauté.

Mais s'il n'y avait que cela ! Quand cette trésorerie est passée des imprimantes à picots aux imprimantes modernes (et cela ne fait pas très longtemps), on a dû mettre à la poubelle un an de fournitures car les commandes venaient d'être passées, des piles de papier de deux mètres de haut ont dû être jetées. Pour le passage à l'euro, l'informatique de la trésorerie est restée en panne pendant cinq jours. Tout porte à la gabegie et le système fait que les remèdes sont souvent pires que le mal.

Le trésorier principal de conclure : « Si l'administration était au courant de ce qui se passe chez elle... »

Une suradministration organisée

L'administration fiscale – ces deux témoignages à la limite du burlesque en sont, entre autres, l'illustration – est donc pléthorique en France et son fonctionnement totalement dépassé. La direction générale des Impôts et le Trésor public rassemblent 135 000 agents, ce qui, si on enlève le personnel chargé des collectivités locales pour rendre les choses comparables, représente 100 000 agents, autant qu'aux États-Unis qui comptent cinq fois plus de contribuables. Nous sommes victimes de notre héritage. Nos monarques n'ont jamais eu confiance en leurs receveurs aussi avaient-ils décidé que le calcul de l'impôt devait relever d'un organe différent de ceux qui sont chargés de l'encaissement. Cette distinction a été renforcée par la Révolution et par Napoléon sans qu'aucun de nos ministres y puisse changer quelque chose, malgré des tentatives menées à grand renfort de rapports, en particulier le rapport 1999, accablant pour l'administration fiscale française, supervisé par Jean-Luc Lépine, inspecteur des Finances, corps d'élite de Bercy. Il a certes fait la une de la presse, décrivant un système à la Courteline, mais qui quatre ans plus tard est toujours là. La France est de très loin le pays qui a le plus grand nombre d'unités locales du fisc. On en compte 65,5 pour un million d'habitants, contre 8 en Allemagne, 8,5 en Grande-Bretagne, 5,2 en Espagne, 1,6 aux Pays-Bas, 0,1 aux États-Unis !

Le réseau des trésoreries est dense, presque aussi dense que celui des bureaux de poste, et beaucoup s'avèrent inutiles. Thierry Bert, chef du service de l'inspection générale des Finances, soulignait, lors des auditions du rapport d'information sur le recouvrement de l'impôt de l'Assemblée nationale en 2000, la difficulté de supprimer des postes, notamment en milieu rural.

« Tout ceci est fait simplement pour justifier un certain nombre de chefs de postes. On me rétorque que, disant cela, je suis méprisant. Non, je suis pour la transparence. Si l'on veut la transparence sur les salaires, appliquons-la. Je gagne 721 000 francs. Sachez que le percepteur de Saint-Aubin-d'Aubigné gagne 248 000 francs ; que le percepteur de Liffré, encadrant cinq agents, reçoit 296 000 francs ; que le percepteur de Châteaugiron, qui a six agents sous ses ordres, reçoit 363 000 francs, et que le chef du centre des Impôts de Fougères, qui lui a 32 agents sous ses ordres et toute la complexité sur le dos, gagne 278 000 francs. [...] »

Pourquoi cette situation ? Soyons clair et net. Parce que le chef de poste, comme le trésorier-payeur général, vous le savez depuis le rapport de la Cour des comptes, combine quatre éléments de rémunération :

– le premier élément provient de son salaire indiciaire ;

– le deuxième élément provient de la rémunération qu'il touche sur les fonds déposés par les notaires et de celle qu'il touche sur les fonds particuliers qu'il gère, c'est-à-dire les comptes bancaires, même si cette dernière ressource est marginale en raison du faible nombre de comptes ;

– le troisième élément est la partie défiscalisée, c'est-à-dire les frais de gestion, de représentation qui lui sont versés par la Caisse des dépôts et qui n'étaient pas fiscalisés jusqu'à présent, mais qui le seront puisque le ministre l'a décidé ;

– à ceci s'ajoute, quand il y a des collectivités locales, des indemnités qui sont versées par les collectivités locales au titre de ce que l'on appelle les “indemnités de conseil”.

Et puis il y a le logement de fonction.

Tout ceci fait qu'un chef de poste ayant la responsabilité de deux ou trois agents peut toucher plus que quelqu'un qui, en centre-ville, assume la responsabilité de 60 agents dans un centre des Impôts ou de 25 agents dans une trésorerie spécialisée au sein du Trésor public ; ces deux grosses structures, spécialisées dans les impôts, ne donnent lieu à aucune indemnité de conseil et à peu de ressources sur l'épargne. »

L'administration souffre donc d'un réel problème de structure qui a une conséquence directe sur son rendement. Thierry Bert souligne un aspect lié à l'excédent de personnel en milieu rural mais le problème est aussi plus global. Le rapport Lépine mentionnait des coûts de personnel atteignant 81,2 % des dépenses totales de l'administration fiscale contre 61,9 % en moyenne dans les administrations fiscales étrangères étudiées ; ce qui fait que l'administration fiscale en France a pris un retard en informatique qu'elle tente aujourd'hui difficilement de rattraper, son budget étant englouti dans la rémunération de son personnel.

Les coûts de gestion donnés par le rapport Lépine classent l'administration fiscale française parmi les moins efficientes : 1,6 % contre 1 % pour le Royaume-Uni, le Canada, l'Espagne, l'Irlande et seulement 0,5 % aux États-Unis et en Suède.

Les coûts de recouvrement en pourcentage des recettes fiscales nettes encaissées font, eux aussi, apparaître l'exception française : ils représentent 0,52 % des recettes fiscales en France, contre 0,27 % en Allemagne et en Italie, 0,08 % aux États-Unis, 0,09 % en Suède.

Coûts du recouvrement en % des recettes fiscales

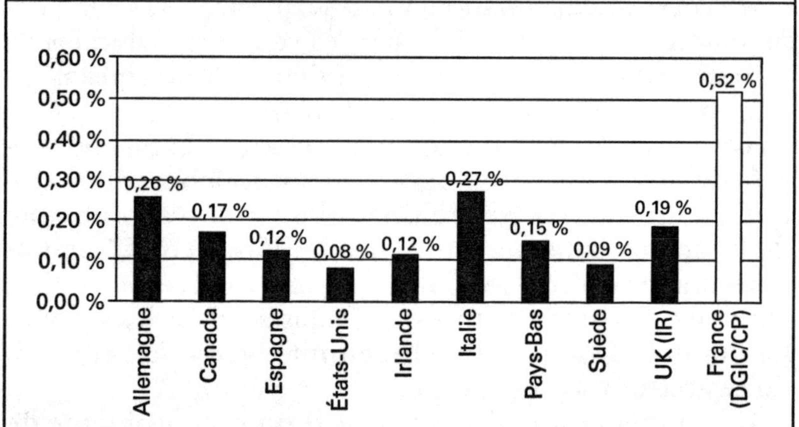

Source : Rapport mars 1999, inspection générale des Finances.

Mais l'exception française ne se situe pas seulement en termes de coût : en termes d'accueil et de prise en compte des préoccupations des contribuables, la France est aussi loin derrière. Le pays qui a fait certainement le plus d'efforts en matière de standards de qualité est le Royaume-Uni, allant même jusqu'à mettre en place la charte du contribuable (*Taxpayer's Charter*), rédigée au début des années 1990. Les gouvernements anglais successifs ont voulu faire de leur administration « un service au contribuable » et cette fonction est prise très au sérieux. Tony Blair affirmait en mars 1998 : « Je souhaite obtenir une disponibilité des services publics 24 heures par jour, 7 jours par semaine, 52 semaines par an. »

Il est certain que ce sont des objectifs difficilement conciliables avec la « pause méridienne » ou les 35 heures. La mission 2003 qui, à la suite du rapport Lépine, visait à réformer l'administration verra-t-elle le jour d'ici quelques mois ? Francis Mer a déjà abandonné l'idée de mettre en place le système de retenue à la source qui aurait conduit à des simplifications et à pouvoir mettre à plat le système de recouvrement, et il est à craindre que faire changer les comportements ancrés dans cette administration demandera du temps.

Sélection des meilleurs moments du rapport Lépine

Audition de Jean-Luc Lépine, inspecteur général des Finances, pour le rapport d'information sur le recouvrement de l'impôt de la commission des Finances de l'Assemblée nationale

Questions posées par Didier Migaud, rapporteur général

Didier Migaud : Dans les pays européens que vous étudiez, la France est celui où la part des dépenses de personnel dans les dépenses totales des administrations fiscales est la plus élevée : 81,2 % selon votre rapport au lieu de 67,9 % en moyenne. Cela fait une grosse différence. Quelle est votre opinion sur les coûts de personnel des administrations financières ? Selon vous, quelles orientations doivent être données dans ce domaine ? [...]

Jean-Luc Lépine : Je m'en tiendrai, monsieur le Rapporteur général, au constat que nous avons fait. Effectivement, nous avons constaté que les dépenses de personnel prenaient une part nettement plus importante en France qu'ailleurs, ce qui laisse moins de place aux dépenses relatives à l'élément de modernisation que constitue l'investissement dans les systèmes d'information. En la matière, globalement, les deux principales différences entre la France et les pays étrangers résident dans le fait qu'il y a plus de dépenses de personnel et moins de dépenses d'investissement, et, à l'intérieur des dépenses de personnel, une plus grande part de personnel moyennement qualifié contre une part plus importante de cadres et de personnes plus qualifiées à l'étranger. [...] Pour répondre à votre question, globalement, nous avons le sentiment, mais nous sortons de notre fonction, qu'il y a eu une différence qui s'est accrue entre notre pays et la moyenne des pays européens et que le sens de l'évolution devrait être d'aller vers le rapprochement.
Didier Migaud : Vous êtes particulièrement « langue de bois » dans vos réponses ! Vous avez écrit un rapport mais cela ne vous empêche pas de dire ce que vous en pensez et de donner des commentaires.
Jean-Luc Lépine : À chacun ses responsabilités. Nous avons fait œuvre de consultants. Nous avons livré ce produit. À partir de ce constat et d'autres constats qui ont été effectués et dont ils parleront ultérieurement, d'autres ont pris le relais pour produire leurs analyses et en déduire une ligne d'action. Nous faisons partie d'une organisation et nous n'avons pas de légitimité. (...)
Didier Migaud : Parmi les systèmes fiscaux que vous avez étudiés, lequel avant sa réforme s'apparentait, selon vous, le plus à la situation française ? Pensez-vous que les réformes qui y ont été appliquées seraient transposables en tout ou partie à la France ?
Jean-Luc Lépine : Chaque pays a son génie propre et son histoire. Il y a un grand facteur qui nous sépare de tous les autres pays : tous les autres pays rencontrés appliquent un système de retenue à la source. Nous sommes le seul pays à ne pas le pratiquer. [...]

Le maquis des 35 heures

C'est au plus tard au 1er janvier 2002 qu'aux termes d'un décret du 25 août 2000, les différents ministères devaient appliquer la réduction du temps de travail et prendre les dispositions nécessaires, notamment les arrêtés signés des ministres respectifs, pour sa mise en place. Cette opération était d'autant plus difficile que l'administration était engagée dans un mauvais pas : comment faire appliquer les 35 heures alors que beaucoup de services travaillaient déjà moins en raison des multiples congés exceptionnels attribués le plus souvent en toute illégalité par les chefs et les sous-chefs au hasard des grèves et des conflits dits sociaux[1] ? De multiples mouvements dits sociaux avaient d'ailleurs agité la fonction publique autour de cette question, notamment au printemps 2001, mouvements qui n'étaient d'ailleurs pas totalement terminés puisqu'ils ont persisté de façon sporadique dans certaines administrations comme La Poste.

Le décret du 25 août 2000 paraît de prime abord assez contraignant.

Dans son article premier, il précise que le temps maximum de travail dans la fonction publique sera de 1 600 heures par an mais ce maximum est aussi un minimum. En effet ce même article premier indique quelles sont les exceptions à cette règle des 1 600 heures : elles peuvent être réduites par arrêté cosigné par le ministre intéressé, le ministre chargé de la Fonction publique, et le ministre du Budget pour tenir compte des sujétions spéciales, notamment en cas de travail de nuit du demandeur, en horaires décalés, en équipe, de travaux pénibles ou dangereux. Ce qui signifie que hormis ces exceptions, la durée de travail est de 1 600 heures, durée qui est donc aussi un minimum. Cette interprétation est confirmée par la réponse apportée par le ministre de la Fonction publique du gouvernement Jospin, Michel Sapin, à une question écrite du député Alain Rodet.

1. Voir les *Dossiers de l'iFRAP*, n° 57 : « Les absents ont toujours raison ».

Muni de cette information[1], l'iFRAP a entrepris de suivre l'application des 35 heures dans trois ministères : celui de l'Intérieur, celui de l'Emploi et de la Solidarité et au ministère des Finances.

À première vue, l'Intérieur paraît le ministère ayant opéré avec le plus de sérieux. Au 6 décembre 2001, quatre arrêtés avaient été pris définissant les horaires de travail, les modulations, etc., et les services où des sujétions particulières justifient des horaires inférieurs à 1 600 heures.

La seule irrégularité que nous ayons pu relever dans le premier des arrêté (*Journal officiel*, p. 19849) est dans son article 3 : la réduction du temps de travail à 1 565 heures pour le personnel d'accueil du public en préfecture et sous-préfecture en contrepartie d'une amélioration des conditions d'accueil, amélioration dont ni le contenu ni la portée ne sont définis ; or de telles améliorations ne figurent pas dans la liste des exceptions prévues par l'article premier du décret rappelé ci-dessus ; cet arrêté semble donc illégal.

Par contre, ce ministère réintègre dans les jours de congés RTT les deux jours dits du ministre.

Pour le ministère de l'Emploi et de la Solidarité, Élisabeth Guigou ne s'est pas compliqué la tâche : dans un arrêté du 18 décembre 2000 qui fait moins d'une page et six articles, elle renvoie les modalités d'application de la RTT dans chaque direction ou service à un règlement intérieur local... conforme au règlement intérieur national.

Mais le champion du laconisme est manifestement Laurent Fabius qui, au ministère des Finances, ne publie rien, sauf un arrêté du 8 février 2002 établissant des horaires inférieurs à 1 600 heures pour certains services, dont les lignes de four des Monnaies et Médailles à

1. Obligeamment fournie par CANOL : Contribuables associés du nord-ouest lyonnais.

Pessac (Gironde), mais où de multiples réunions, discussions et protocoles d'accord sont signés au cours de l'année 2001 avec les syndicats.

L'examen de ces protocoles d'accord et de publications syndicales permet de comprendre comment le gouvernement s'est tiré de ce mauvais pas et peut afficher en retour des horaires à 35 heures tout en maintenant les avantages acquis et donc des horaires bien souvent inférieurs. La solution consiste à déléguer au plus petit échelon administratif, au niveau des directeurs et des services, l'établissement de règlements intérieurs négociés avec les syndicats.

En théorie, ces règlements doivent respecter la loi et donc le maximum-minimum de 1 600 heures ; en pratique, et dans la mesure où les syndicats ont avalisé les protocoles d'accord, il y a fort à parier que des échappatoires ont été instaurées qui vont permettre des horaires inférieurs. L'une des mieux organisées est celle des dérogations.

Le tableau ci-après montre les dérogations possibles pour l'une des directions du ministère des Finances ; on y découvre la profusion de motifs et on remarque que beaucoup ont été établis non par un décret ou un arrêté mais par une simple circulaire.

Autorisations d'absence	
Motif de l'absence	**Durée**
Participation à un jury d'assises	Variable
Journées réputées fériées pour les comptables	Nombre variable selon les années
Formation et participation aux actions opérationnelles des sapeurs-pompiers volontaires	Formation : 30 jours les trois premières années, puis 5 jours par an au-delà Participation aux missions opérationnelles : durée variable sous réserve des nécessités de fonctionnement du service

Autorisations d'absence	
Motif de l'absence	**Durée**
Période d'instruction militaire	30 jours maximum par an (5 jours par an : l'employeur ne peut s'y opposer)
Représentation d'associations ou de mutuelles dans une instance instituée auprès d'une autorité de l'État à l'échelon national ou local	9 jours ouvrables
Exercice d'une fonction publique élective	Durée des sessions plénières + un jour par semaine pour les maires des communes de plus de 20 000 habitants et pour les adjoints au maire de communes de plus de 20 000 habitants
Visite médicale dans le cadre de la médecine de prévention	Durée de la visite tous les ans ou tous les 5 ans
Soin à un enfant malade ou garde momentanée	6 ou 12 jours
Soin ou garde momentanée d'un enfant atteint d'une invalidité égale ou supérieure à 70 %	12 ou 24 jours
Mariage ou conclusion d'un pacte civil de solidarité	5 jours
Naissance ou arrivée au foyer d'un enfant adopté (congé accordé au père ou au conjoint ne bénéficiant pas du congé d'adoption)	3 jours (exceptionnellement 7)

Autorisations d'absence	
Motif de l'absence	**Durée**
Décès ou maladie très grave du conjoint, des père, mère, beau-père, belle-mère, enfants ou de la personne liée par un « PACS »	3 jours ouvrables (délai de route de 48 heures maximum possible)
Pèlerinage sur les tombes ou transfert des corps de soldats morts au champ d'honneur	3 jours
Cohabitation avec une personne atteinte d'une maladie contagieuse	Variable selon la maladie concernée
Autres événements familiaux imprévus	24 ou 48 heures
Participation aux cérémonies des religions : – Orthodoxe – Arménienne – Musulmane – Juive – Bouddhiste – Des autres religions, sous réserve de la compatibilité avec le fonctionnement normal du service	 – 3 jours (dont 2 dimanches) – 3 jours – 3 jours – 3 jours – 1 jour
Exercice de fonctions de représentation en tant que parent d'élève	Durée variable
Rentrée scolaire	Aménagement d'horaires
Don de sang ou de plasma	4 demi-journées
Indisposition passagère	10 jours par an maximum
Pratique d'un sport	Facilités sur temps de service

Autorisations d'absence	
Motif de l'absence	**Durée**
Préparation d'un concours	16 demi-journées par an (32 demi-journées pour certaines mères de famille) 48 demi-journées pour l'ensemble de la carrière (76 demi-journées pour certaines mères de famille)
Exercice de la fonction d'assesseur et de délégué aux prud'hommes	1 jour par élection
Abolition de l'esclavage	1 jour par an en Guadeloupe, Martinique, Guyane et à la Réunion
Jour de la Saint-Étienne et du Vendredi saint en Alsace-Moselle	2 jours
Encadrement des séjours en centre de vacances et stages de formation organisés par les services sociaux du ministère	1 mois maximum
Déménagement consécutif à une mutation	4, 5 ou 10 jours

Les dérogations sont accordées discrètement par le supérieur hiérarchique mais on imagine aisément le stress qu'endureraient les chefs de service qui voudraient limiter ces dérogations à un niveau décent ; et bien peu ont la force de caractère de s'opposer aux abus. D'autant que tout le succès d'une carrière administrative repose sur le fameux : « pas de vagues ». De plus quelques grèves locales ont rapidement raison des récalcitrants.

En éliminant les digues qu'étaient les dispositions générales et en transférant la responsabilité des horaires au plus bas échelon, le gouvernement s'est tiré du piège des 35 heures mais il a probablement définitivement détruit toute discipline d'horaires au sein de la fonction publique.

La seule compensation est que maintenant les administrations sont équipées d'horloges pointeuses si bien que des fonctionnaires que l'on ne voyait que quelques heures par jour pointent maintenant, mais rien ne dit qu'ils restent travailler après l'opération !

Laissés ainsi à leur initiative et sous leur seule responsabilité, les chefs de service ont été dans la plupart des cas obligés de conserver les avantages acquis dont beaucoup étaient illégaux car concédés par des ministres ou des chefs de service n'ayant pas le pouvoir réglementaire. Ainsi, au total, l'administration peut afficher un horaire théorique de 35 heures par semaine alors que la présence réelle des fonctionnaires est très au-dessous, vraisemblablement entre 10 et 20 % plus faible si l'on s'appuie sur les études sur l'absentéisme bien antérieures aux 35 heures.

Et cela, bien entendu, sans se préoccuper de savoir si, pendant leur temps théorique de travail, les fonctionnaires sont devant la machine à café ou jouent sur l'intranet du ministère avec des programmes de jeux interdits.

Peut-on le leur reprocher ? Le pouvoir hiérarchique n'a-t-il pas montré qu'il était incapable de réformer et faire progresser l'administration, tout au plus de faire croire qu'il le fait alors que rien ne se passe car les syndicats veillent ?

On ne peut même pas écrire « le personnel veille » car nous avons reçu de nombreux témoignages de l'intérieur de cette administration, à tous les niveaux, de fonctionnaires qui voudraient que leur administration se modernise, délivre un meilleur service et aimeraient voir leurs efforts aboutir, même s'ils ne sont pas récompensés financièrement. Mais la voix qu'entend le ministre n'est pas celle du personnel, c'est celle des syndicats FO à la Comptabilité publique et SNUI aux impôts[1].

Dès lors, il n'est pas surprenant que des jeunes rentrés dans l'administration avec une ambition, celle, pourquoi pas, d'être au service du public et de l'intérêt général, deviennent rapidement cyniques, se rendant compte qu'ils ne peuvent rien faire, qu'il n'y a d'ailleurs rien à faire sauf tirer au mieux son épingle du jeu.

Comment expliquer autrement cet acharnement à défendre le départ en retraite à des âges de moins en moins avancés ? Comment expliquer qu'un jeune qui vient de commencer sa vie professionnelle ait comme objectif prioritaire de partir en retraite ? Alors que dans le privé, pour les entreprises où les dirigeants ont su motiver leur personnel, leur donner le sens de leur importance et de leur mission, la retraite est souvent perçue comme une sanction, la fin de la vie ; de plus en plus de personnes cherchent à travailler au-delà de 65 ans et c'est d'ailleurs heureux car sinon il serait impossible de maintenir l'équilibre financier des retraites.

La réponse est malheureusement simple : la vie dans l'administration est perçue comme sans intérêt, sans possibilité de réalisation personnelle ; la vraie vie commence lorsque le fonctionnaire est enfin libre de son temps, elle commence avec la retraite.

Il n'y a pas de symbole plus éclatant de l'univers inquiétant dans lequel vit le personnel que Bercy. Énorme construction froide qui rappelle le défunt style soviétique où tout est fait pour inspirer l'effroi devant la puissance de l'État, le ministère des Finances est une suite de couloirs sans fin dans lesquels s'ouvrent des cen-

1. Voir première partie, chapitre IV.

taines de portes, toutes identiques et toutes closes. C'est ainsi qu'on imagine l'intérieur du Château de Kafka.

Jeune ingénieur, le signataire de ces lignes avait vécu, dans une entreprise d'organisation, une grande aventure avec des croissances de 20 à 30 % chaque année. Le lieu de nos exploits : un bâtiment avec des salles munies de cloisons partiellement en verre qui permettaient de voir, en passant, si Untel était là, de deviner une réunion et de s'y inviter. Le hasard d'une bonne affaire immobilière avait ensuite fait acheter un bâtiment à la Bercy, avec des couloirs murés de cloisons pleines. Deux ans après l'aménagement, le chiffre d'affaires avait baissé de près de la moitié. Les gens ne se connaissaient pas, ne travaillaient plus ensemble, ne communiquaient plus.

Les mêmes causes produisant les mêmes effets, Bercy n'est plus un ministère, c'est, au témoignage même de ceux qui y vivent, une collection de petites chapelles qui au pire s'ignorent, au mieux se jalousent et sont en concurrence pour l'accès aux étages de l'aile qui jouxte la Seine, où se sont réfugiés les ministres et leur cour.

À l'époque où, dans le secteur des services, les entreprises recherchaient synergie et initiative pour l'utilisation d'espaces ouverts ou semi-ouverts (avec des cloisons basses pour réduire le bruit), nos ministres des Finances inventaient le Château de Kafka et il faudra bien rechercher un jour ceux qui ont partagé la responsabilité d'une telle démence.

Chapitre III

La SNCF en coma avancé

Les millions de citadins et non-citadins dont la vie est gâchée par les grèves semi-permanentes de la SNCF peuvent croire qu'elles ont pour objet la seule défense catégorielle des privilèges. Nous ne le croyons plus depuis une soirée mémorable de l'année 2001 où, au retour d'un voyage, l'auteur de ces lignes est invité à participer à une émission de télévision grand public sur le « fleuron du service public à la française ».

Entassé sur des bancs en escalier, tout un public de jeunes invités pour meubler ; mais aussi un maire socialiste d'une petite ville à 50 km de Paris qui, pour venir en train, met plus de temps qu'il n'en faut pour faire Paris-Lyon et ce de façon totalement aléatoire ; des syndicalistes, etc.

Les hasards de la distribution des pièces où nous sommes invités à attendre le maquillage et le début de la prise de vues me placent avec les trois syndicalistes de service représentant les conducteurs de motrices. Étant donné les positions prises publiquement par l'iFRAP, dénonçant les grèves, je me dis qu'ils vont « me faire ma fête ». Pas du tout. Nous sympathisons et ils commencent à me décrire la réalité de leur existence. Non seulement les voyages qui les tiennent éloignés de la famille mais, ce qui est beaucoup plus surprenant, l'inconfort à bord des motrices, bien sûr pas celles des TGV mais celles qui manœuvrent les wagons de marchandises et dont certains postes de pilotage ne seraient même pas chauffés. Et de me décrire le ras-le-bol de leurs collègues dont les revendications ne sont pas écoutées, à moins de faire grève.

Une étincelle se déclenche. Je suis venu présenter dans cette émission le tableau ci-dessous, qui est parfaitement clair.

Nombre de voyageurs transportés par agent

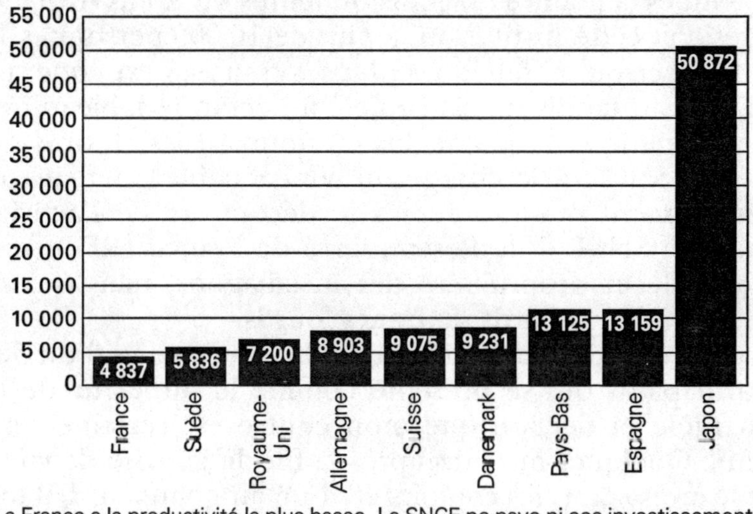

La France a la productivité la plus basse. La SNCF ne paye ni ses investissements ni une bonne part de son fonctionnement. La société publique coûte chaque année 80 milliards de francs au contribuable français. Aucune réforme comparable à celles des autres pays n'a encore été mise en place. On remarque dans le graphique ci-dessus qu'une baisse de 40 % des effectifs placerait la SNCF au niveau du Danemark.

Source : iFRAP.

Il démontre que la SNCF a la plus faible productivité de tous les réseaux ferrés occidentaux et les ordres ne changent pas lorsqu'on change d'indice et que l'on passe au nombre de voyageurs/kilomètre par agent au lieu du nombre de voyageurs transportés par agent. La SNCF reste toujours au dernier rang.

Manifestement, cette performance misérable ne tient pas au nombre de conducteurs qui sont une goutte d'eau dans le total du personnel employé, même pas au nombre de roulants. Cela ne peut provenir que d'une seule cause : le développement à l'intérieur de la SNCF d'une bureaucratie envahissante et aliénante. Ce que confirment rapidement les chiffres, par exemple, du personnel administratif du siège de la SNCF, passé de quelques centaines d'agents du temps où Louis Armand présidait cette institution, à plus de 10 000 personnes.

C'est ce qu'en quelques phrases courtes j'explique sur le plateau tandis qu'est projeté à l'écran le tableau des performances. Et je conclus en donnant les chiffres du déficit SNCF, à la charge du contribuable[1], déficit soigneusement masqué depuis le découpage de l'activité entre la SNCF et le Réseau ferré de France (RFF), responsable et propriétaire des installations, mais qui se monte à 70 milliards de francs lourds.

Ceci entraîne immédiatement la protestation d'un des participants qui se présente comme le directeur de la clientèle et déclare que mon chiffre est certainement faux. Quelques minutes après la fin de la prise de vues, je le croise dans les couloirs et, d'un air goguenard, il me dit : « Cher monsieur, je vous félicite pour votre croisade et je vous souhaite bonne chance. »

Lors de la projection, je découvre que toute mon intervention et la projection du fameux tableau ont été coupées au montage. J'apprends que mon complimen-

1. Dont on rappelle ici que ceux qui paient ne sont pas les riches mais tout le monde ou plutôt les plus pauvres car le gros des impôts est payé par la TVA ; les riches vont à l'étranger, font des investissements, etc., hors TVA. Les pauvres, en revanche, la paient sur tous leurs achats de subsistance et ne peuvent y échapper.

teur n'est autre que Guillaume Pepy, ancien élève de l'ENA (comme son patron le président de la SNCF, Louis Gallois), sorti au Conseil d'État, ancien directeur de cabinet de Martine Aubry, recasé à la SNCF. Que vient faire un membre du Conseil d'État à la SNCF ?

Est-ce un symbole que l'on ait remplacé par des énarques un X-Mines, un grand ingénieur, Louis Armand, capable de prendre des risques techniques et de bouleverser la traction ferroviaire en donnant à la SNCF dix ans d'avance sur ses concurrents étrangers par l'alimentation des motrices en courant alternatif au lieu du courant continu ? Sous sa présidence, les trains partaient et arrivaient à l'heure. Des énarques soucieux de leur image[1] sont-ils capables de prendre ces paris ou seulement de gérer la communication du service public de façon biaisée ? D'aggraver le désastre en cours comme d'autres énarques à la tête du Lyonnais, de France Télécom, d'Alstom, de Vivendi, etc., dont *Le Canard enchaîné* se demandait s'ils ne constitueraient pas la promotion Titanic ?

On est en effet frappé par une déposition de Gallois devant la commission des Finances de l'Assemblée nationale où il soutient que l'avenir de la SNCF est dans le transport de marchandises, parce qu'il représenterait 20 % du trafic. Mais qui doit battre en retraite lorsque sur l'interrogation des députés, il doit reconnaître que ce trafic ne représente guère plus de 2 % du chiffre d'affaires et est donc incapable de pallier le déficit.

On est également frappé par la désinformation de l'opinion publique à laquelle on veut faire croire que le surcoût de la SNCF est compensé par une plus grande réussite. Et de donner l'exemple des chemins de fer

1. Un cahier du lundi du *Figaro* a ainsi porté aux nues Louis Gallois pour avoir réduit les grèves (vraiment ?) mais sans jamais parler du coût.

anglais où le « libéralisme » aurait conduit à en faire des pièges morteis.

Alors que la vérité des chiffres est exactement inverse : le taux d'accidents en France est nettement plus élevé qu'en Grande-Bretagne si on prend des indices comparables.

Le descriptif des révolutions qui ont secoué les réseaux ferroviaires étrangers montre que nous avons besoin d'un changement à la tête de notre SNCF nationale.

Mais en attendant, comment ne pas se sentir un peu solidaire des conducteurs ? Même s'ils ont des avantages indéniables, sont-ce ces avantages qu'il faut remettre en cause ou la situation de ceux qui les dirigent et de l'énorme bureaucratie que l'énarchie a engendrée dans ce pays[1], de l'aliénation qui s'ensuit pour les non-bureaucrates du système que la bureaucratie transforme en matricules ?

La SNCF, leader européen... des grèves

Nombre de jours de grève					
(SNCF)	France	Grande-Bretagne	Allemagne	Italie	Espagne
1998	180 000	0	0	68 000	0

Source : iFRAP.

En 1999, le nombre de jours de grève à la SNCF a été de 53 779, en 2000 de 85 094 et en 2001 de 105 527 jusqu'au mois d'octobre. La SNCF évalue entre 100 et 130 millions de francs le prix d'une journée de grève, et

1. Et qu'on retrouve partout où les énarques ont conquis un pouvoir important, par exemple dans le secteur de la santé.

les arrêts de travail de mai-juin 2003 à plus de 250 millions d'euro. La grève du 16 octobre 2001 avait comme toujours les mêmes revendications : embauches supplémentaires, augmentations de salaires et renforcement de la protection sociale. Mais la SNCF a embauché 6 500 agents en trois ans tandis que les autres pays européens qui ont un réseau comparable à la France ont beaucoup réduit les effectifs (– 107 056 en six ans à la Deutsche Bahn) pour augmenter la productivité et offrir un meilleur service. Un service qui respecte les clients parce qu'en Allemagne, en Angleterre et en Espagne il n'y a pratiquement pas de grèves. À la question : « Combien de jours de grève y a-t-il eu en Allemagne l'année passée ? » une responsable en communication de la Deutsche Bahn nous a répondu : « En Allemagne, on ne fait jamais grève. Même si la grève n'est pas interdite dans le statut de l'entreprise, on est au service du public et par conséquent on ne peut pas prendre en otages nos concitoyens. » En France, le respect pour l'usager contribuable français qui paie chaque année 75 milliards le déficit de la société publique est malheureusement une notion abstraite.

SNCF : le coût des privilèges

On nous dit que ce symbole du service public « sort du rouge » et « renoue avec les bénéfices ». Louis Gallois, le PDG, affirmait : « 2000 est un très grand millésime pour la SNCF. » Un succès historique, paraît-il, qui s'explique par une forte croissance de l'ensemble des trafics. Un résultat net estimé pour l'instant à 111 millions de francs et un endettement de 45 milliards de francs fin 2000 (contre 47,5 milliards de francs fin 1999). Donc, il n'y a plus de contribution publique et les Français peuvent crier en toute connaissance de cause : « Vive la SNCF ! » D'autant que les chiffres sont approuvés par des commissaires aux comptes, examinés par la Cour des comptes, avalisés par le Parlement et surveillés par le Conseil général des Ponts et Chaussées.

N'est-ce pas en réalité une mauvaise plaisanterie ? Où est le soi-disant redressement ? Regardons en effet le compte de résultat de la SNCF pour 1999. On s'aperçoit tout de suite que les produits du trafic et annexes au trafic, **les recettes commerciales, sont de 57 milliards de francs.** C'est ce que payent effectivement à la SNCF les entreprises et les ménages pour le transport de marchandises et de personnes. Mais les charges totales sont de **118,5 milliards** de francs. **La différence de 61,5 milliards est donc payée par l'État et les collectivités locales.** Il faut ajouter **14 milliards** (insuffisance du compte retraites) **qui n'apparaissent pas dans le compte de résultat. Le total est donc de 75,5 milliards (11,5 milliards d'euro).**

Mais, en creusant un peu plus, on trouve une **dette de 232 milliards** (SNCF + RFF) qui n'est pas payée pour l'instant. Par conséquent, si on programme le remboursement sur vingt ans, comme la SNCF est en déficit énorme chaque année, ce remboursement sera toujours à la charge du contribuable, ce qui amène la contribution à **85 milliards.** Il est intéressant de remarquer que **les recettes commerciales couvrent à peine les salaires plus les charges (46,5 milliards) et la contribution de 36,29 % pour la retraite.** 75 milliards, c'est trois fois et demi le budget de la Justice, c'est 650 000 emplois payés au SMIC, c'est **une somme de 3 200 francs que chaque Français actif doit mettre de côté au début de l'année, qu'il prenne le train ou non.** C'est surtout 1 % du PIB. Depuis vingt ans, les Français payent chaque année pratiquement la même addition pour entretenir une danseuse étoile de la République, du corps de ballet : RATP, Banque de France, etc.

Et on apprend que la SNCF a cautionné l'offre de l'opérateur britannique GO Ahead pour l'exploitation d'un réseau ferroviaire en Grande-Bretagne et pris, dans ce cadre, des engagements techniques et économiques comportant un risque financier significatif, sur un programme d'investissement de plus de **10 milliards de francs ! Plutôt que d'ouvrir le marché intérieur à la concurrence, la SNCF préfère s'engager à l'étranger parce qu'il n'y a pas de risque quand il s'agit de l'argent du contribuable français. En revanche, l'ouverture du marché signifie la fin du monopole avec tous ses avantages.**

Alors comment se fait-il qu'un an plus tard, on ait renoué avec les bénéfices ? Par quel coup de baguette magique arrive-t-on à transformer ces 75,5 milliards en bénéfices (cf. p. 116) ? Les parades sont nombreuses. Elles s'appellent « contribution aux charges d'infrastructure », « contribution à l'exploitation des services régionaux », « indemnités compensatrices », « dotations aux amortissements », « dotations aux provisions pour dépréciation et risques d'exploitation ».

La plus importante a été la création du Réseau ferré de France (RFF), qui a hérité du réseau (et d'une large partie de la dette) de la SNCF. Le RFF paie la SNCF pour l'entretien et effectue les investissements en infrastructures. À terme, le RFF réduira les coûts du rail en France par des investissements plus judicieux. Mais pour le moment, le RFF n'augmente pas les recettes du rail et n'en diminue pas les coûts. Il ne soulage pas les finances publiques, même s'il rend moins visible leur contribution. S'il y avait deux entreprises on devrait avoir le compte de résultat pour chacune. **Dans le rapport annuel pour 1999 il n'y a qu'une seule entreprise qui cumule les produits et les charges de la SNCF et du RFF.**

Subventions publiques au secteur ferroviaire (en milliards de francs)			
	1999	2000	2001
Réductions tarifaires	3,6	3	2,9
Services régionaux de voyageurs	5,9	6	6
Indemnité compensatrice IDF	0,7	1,4	1,2
Transport combiné SNCF	0,2	0,5	0,5
Contribution aux charges d'infrastructure	11,6	11,3	10,5
Subventions emploi jeunes SNCF	0,1	0,1	0,1
État pour exploitation	22,1	22,3	21,2
Subvention d'investissement ferroviaire	1,4	1,5	1,8
Total État pour exploitation et investissement	23,5	23,8	23
Service annexe de la dette de la SNCF	4,4	4,4	4,4
Dotation en capital RFF	12,5	12	12
Contribution au régime de retraites SNCF	13,8	14	14,3
TOTAL ÉTAT	**54,2**	**54,2**	**53,8**
Collectivités locales pour exploitation	6,2	6	6,2
Collectivités locales pour investissement	2,6	2,1	4,2
Collectivités locales pour régime retraite	4,5	3,8	3,3
TOTAL COLLECTIVITÉS LOCALES	**13,3**	**11,9**	**13,7**
Remboursement de la dette hors service annexe : hypothèse sur vingt ans	12,7	12,6	12,9
TOTAL GÉNÉRAL	**80,2**	**78,7**	**80,4**

Sources : Sénat, Loi de finances pour 2002.

Pourquoi une dette de 232 milliards de francs ? Pourquoi cette contribution annuelle de 75,5 milliards de francs ?

Des privilèges bien cachés

Comme leurs amis de la RATP, tous les agents de la SNCF jouissent de nombreux privilèges grâce au régime spécial : un travail à vie, des salaires de 23 % plus élevés que dans le privé (203 000 francs contre 163 940), des retraites doubles et un départ à la retraite en moyenne à cinquante ans (cinquante-trois ans et demi à la RATP), une semaine de travail de 25 heures (les conducteurs du TGV), la gratuité du transport pour les agents et pour leurs familles :

– Agent en activité : voyage en 1re et 2e classe gratuit en fonction du rang ; nombre de voyages illimité à l'année, y compris dans des pays avec lesquels la France a passé des accords (la plupart des pays européens).

– Pour la famille, il y a **18 voyages gratuits à l'année.** Au-delà, ils paient un quart du prix plus la réservation. Les enfants bénéficient de ces avantages jusqu'à dix-huit ans. Après, il n'y a que la femme qui continue à en bénéficier.

– Le retraité a un permis pour un certain nombre de voyages, son épouse également.

La pension de retraite normale est accordée à l'âge de cinquante-cinq ans. Néanmoins, certaines catégories de personnel comme les agents de conduite peuvent partir à cinquante ans après vingt-cinq années de service. C'est d'ailleurs leur âge moyen de départ.

L'agent qui, en raison de son état physique, ne peut plus rester au service de la SNCF et qui compte au moins quinze ans de services valables pour la retraite, a droit à une pension de réforme immédiate. Si l'invalidité résulte des fonctions, aucune condition d'années de service n'est exigée.

La retraite des agents de la SNCF et celle des salariés du secteur privé ne sont pas calculées de la même manière. Le salarié du privé reçoit des points en fonction de ses cotisations, elles-mêmes proportionnelles à son salaire. Il doit avoir cotisé pendant quarante ans et sa retraite est calculée sur la base des vingt-cinq dernières années. À la SNCF, on raisonne en année d'activité. Toute année d'activité donne droit à une pension de retraite égale à 2 % du dernier revenu avant la retraite. Par exemple, trente-sept années et demie d'activité (pour les non-roulants) débouchent sur une retraite à 75 % du dernier revenu.

La SNCF dispose d'une caisse de retraite propre.

Le financement de cette caisse est assuré par :

– les employés qui payent 7,85 % de leurs revenus (traitement + primes de travail) ;

– une cotisation de la SNCF de 28,44 %.

Le taux global de la cotisation d'assurance vieillesse est donc de 36,29 %. Le coût de la retraite est de 24 milliards de francs. Les 36,29 % représentent 10 milliards de francs. **Il reste une différence de 14 milliards de francs à la charge de l'État, donc du contribuable.**

Quant au salaire de base des agents, il se calcule par la formule suivante : (coefficient hiérarchique) × 29,62 (au 1er juin 1998) × (coefficient d'ancienneté, au maximum 20 %). S'y ajoutent une indemnité de résidence de 8,5 % en moyenne (dans la fonction publique, le maximum est de 3 %) et un nombre de primes tel que les cheminots eux-mêmes s'y retrouvent difficilement.

Parmi celles-ci, les plus importantes sont la prime de fin d'année, la gratification de vacances et la gratification annuelle d'exploitation, c'est-à-dire un surcroît de rémunération de l'ordre de 7,70 %. S'y surajoutent des « primes de travail » de la filière concernée, des indemnités pour heures supplémentaires, des allocations de déplacement (non imposables), des primes supplémentaires pour conduite de TGV, des primes de parcours, etc.

Les conducteurs ont même exigé, et obtenu, une prime spéciale de congé afin de compenser la perte des primes de conduite pendant... leurs congés !

À titre d'exemple, un conducteur de train débutant en banlieue parisienne commence à 14 000 francs brut pour atteindre vite 16 000 francs et terminer à environ 21 000 francs. Si les agents souhaitent économiser, il suffit de verser chaque année à la CLEF (la Collective de libre épargne ferroviaire) 12 000 francs pour se faire créditer immédiatement de 1 500 francs supplémentaires gracieusement versés par la SNCF. Un agent de la région de Strasbourg avouait avoir touché, dès le mois d'août, grâce aux primes et à l'accord sur les 35 heures, l'équivalent de son salaire annuel. Compte tenu des pertes annuelles de la SNCF, on peut dire que c'est toujours l'argent du contribuable qui permet une excellente rémunération des agents de la SNCF.

Un comité d'entreprise très généreux

Mais on ne peut pas oublier le comité d'entreprise (CE) pour lequel le contribuable français paye 600 millions de francs à l'année. En fait, il y a vingt-sept CE régionaux qui versent au CCE (comité central d'entreprise) une part importante. Et c'est le CCE qui gère ensuite le parc immobilier de la SNCF et les vacances des cheminots. Le patrimoine peut être évalué à soixante-six centres de vacances et douze maisons familiales, à quoi s'ajoutent les campings de Sigean et du Rébori. Des maisons de vacances dans les Alpes, à Samoens, Le Morzay, Vallorcine, Chamonix, Briançon ; sur la Côte à Saint-Raphaël, Saint-Mandrier ; dans le sud, à Sigean, Port-Vendres, Cerbère et sur la côte Atlantique à Quiberon, Le Verdon, Hendaye. **Le tout représente 220 hectares de propriété foncière et 170 000 mètres carrés de plancher.**

Depuis 1986, le CCE a permis de tripler l'offre des places en maisons familiales. En hiver, toutes les demandes sont acceptées. En été, parce que la mer représente 90 % des choix, par manque de places, le CCE ne peut donner satisfaction qu'à un peu plus de la moitié des demandes en attendant de nouvelles acquisitions en Vendée et sur la Côte d'Azur. En 1999, 13 400 agents sont partis à la mer sur la Côte d'Azur, la côte Atlantique ou dans le Sud. Mais les familles qui n'arrivent pas à trouver de places au bord de la mer peuvent aller à la montagne où il y aura toujours des disponibilités dans les maisons familiales et les centres de vacances ou dans d'autres centres ultramodernes appartenant à la CCAS, à ATC/Routes du monde ou à la RATP, pour les mêmes prix grâce aux collaborations entre comités d'entreprise. Aujourd'hui, le CCE accueille tous les enfants de cheminots qui en font la demande. Pendant l'été 1999, le CCE a assuré l'accueil de 17 287 enfants pour 286 457 journées de vacances.

Comparons le coût des vacances de deux familles qui partent une semaine en hiver et en été avec le CCE de la SNCF (famille de cheminots bien entendu) et avec une agence de voyages (famille qui travaille dans le privé).

Donc, **une économie de 22 000 francs** pour la famille de M. Rémi pour une semaine de vacances à la montagne ! Plus concrètement, deux mois de travail en plus pour M. Lemonnier par rapport à M. Rémi. Espérons

M. Rémi (cheminot), sa femme et ses deux enfants de 13 et 15 ans.	M. Lemonnier (technicien dans une entreprise privée), sa femme et ses deux enfants de 13 et 15 ans.
Salaire de 10 000 francs net, tranche 5 selon le quotient familial.	10 000 francs net
Destination : Briançon	
7 jours à sa convenance en hiver.	7 jours entre le 30 décembre et le 5 février ou le 10 février et le 2 mars.
Hébergement pension complète : Maison de vacances du CCE de la SNCF.	Hébergement en demi-pension à L'Alpe Hôtel-Club.
Maison confortable jouxtant la gare. À 700 m de la télécabine. Domaines skiables de Serre-Chevalier et Montgenèvre. Équipement de ski fourni par le centre. Salle bibliothèque, salon, jardin, jeux enfants, salle pour les enfants.	Tout confort + 1 demi-journée de randonnée en raquette à neige, une sortie en scooter des neiges d'environ 1 heure, une balade en calèche ou traîneau à chevaux. Le prêt du matériel sportif est compris dans le prix.
Tarif : trois adultes et un enfant (réveillon compris) 1 508 × 3 = 4 524 + 1 357 = **5 881 francs** À la SNCF, on est adulte à partir de l'âge de 14 ans.	**Tarif choc** (réveillon compris) de la Maison des Hautes-Alpes : quatre adultes 5 395 × 4 = **21 580 francs** (adulte de l'âge de 12 ans). Il faut ajouter le déjeuner pour 7 jours à 100 francs par personne et par jour ce qui donne 2 800 francs.
Transport gratuit pour tous.	Transports : **2 600 francs.** Avec un prix Découverte, c'est-à-dire 25 % de réduction à condition qu'il y ait des places le jour de départ.
Total dépenses : **5 881 francs**	Total dépenses : **27 880 francs**

qu'il se déplace en voiture pour éviter les grèves à répétition ou les retards des trains !

Il est vrai que dans le privé il y a parfois des comités d'entreprise assez généreux. Mais ce n'est pas le contribuable qui paie.

On peut partir avec les enfants uniquement en vacances scolaires, c'est-à-dire en haute saison quand les prix dans les agences sont les plus élevés. L'agent de la SNCF paie le même prix via son CCE quelle que soit la période de l'année (il y a toutefois des subventions complémentaires, jusqu'à 20 % si les cheminots partent en dehors des périodes les plus chargées), tandis que M. Lemonnier paie le prix de haute saison.

Encore deux exemples, le premier à Samoens en Haute-Savoie et le deuxième à Saint-Raphaël sur la Côte d'Azur.

Samoens, un site préservé au milieu d'authentiques hameaux alpins, accueille la famille de M. Rémi dans un village de vacances très confortable en pension complète. Le prix total est le même qu'à Briançon : **5 881 francs** la semaine.

M. Lemonnier, quant à lui, doit payer pour avoir le même confort **3 940 francs** par personne par semaine en vacances scolaires en pension complète. On ajoute le transport pour arriver à un coût total du séjour de **18 260 francs. Donc une économie de 12 379 francs pour l'agent de la SNCF.**

En ce qui concerne le séjour à Saint-Raphaël d'une semaine en été et en pleine saison (pension complète), l'agent de la SNCF paie toujours le même prix. La SNCF y possède une superbe maison familiale à 1 km du massif de l'Estérel, dans un quartier calme de Saint-Raphaël, au milieu d'un joli parc agrémenté d'une piscine. Par contre, essayez dans une agence de tourisme pour une famille de quatre personnes et on sera étonné si le coût total (séjour + transport) est inférieur à 25 000 francs.

Si vous êtes à la SNCF, vous pouvez aussi passer le réveillon et sept jours en pension complète **à Prague pour... 1 500 francs** ! Et le transport ? Presque gratuit parce qu'il y a des conventions avec l'Allemagne.

Un régime spécial d'assurance maladie

En cas d'accident au ski, le cheminot peut se faire soigner dans de meilleures conditions que M. Lemonnier grâce au régime spécial non affilié au régime général. À la SNCF, il y a une caisse de prévoyance instituée en vertu d'un décret du 6 août 1938 qui a fixé le régime spécial d'assurance des agents. Elle a été mise en place par décision du conseil d'administration de la SNCF en date du 18 janvier 1939. Les cheminots peuvent se faire soigner **gratuitement sur leur temps de travail** dans les **23 centres médicaux régionaux**, les **200 cabinets de la SNCF et 15 900 établissements de soins agréés SNCF**. La caisse est en relation avec **292 000 professionnels de santé** agréés SNCF parmi lesquels les plus grands spécialistes de France.

La santé à la SNCF	
113 600 médecins	16 600 transporteurs sanitaires
37 700 chirurgiens-dentistes	2 600 hôpitaux
1 800 sages-femmes	1 600 cliniques privées
99 300 auxiliaires médicaux	7 300 établissements de cure
23 000 pharmaciens	4 400 maisons de retraite
4 600 laboratoires	

La plupart des spécialistes des centres médicaux de la SNCF viennent des hôpitaux ou des cliniques privées et sont payés à l'heure par la SNCF. Par exemple, au centre médical de Paris-Est, il y a 4 médecins d'établissement et 27 spécialistes. Le délai pour obtenir un rendez-vous avec un spécialiste est très court : quelques jours, sachant qu'il y cinq grands centres médicaux uniquement à Paris. On sait que le prix d'une consultation chez un spécialiste dans un cabinet peut aller jusqu'à 75 euro (500 francs) voire plus. Quelqu'un qui est affilié au régime général est remboursé selon le barème de la Sécu. S'il n'a pas de mutuelle il peut dépenser pour une seule consultation 400 francs. Par contre, pour un agent de la SNCF, **tout est gratuit, y compris les soins dentaires, à condition qu'il se fasse soigner par les médecins agréés par la société**. Il peut choisir un autre médecin et il sera remboursé à 75 % du tarif de la Sécu. Mais il le fait à condition qu'il se trouve dans une région où il n'y a pas de médecin agréé, ou par choix personnel.

À Paris-Est il y a un service de radiologie et d'échographie très moderne et un service de rééducation fonctionnelle par kinésithérapie, physiothérapie, relaxation, drainage lymphatique, école du dos, médecine manuelle et de rééducation (traumatologie et mésothérapie). M. Rémi qui s'est fait une entorse au ski va passer deux à trois heures deux ou trois fois par semaine dans ce service de rééducation pendant deux mois sans aucun souci vis-à-vis de son « patron » et sur son temps du travail. S'il habite dans la banlieue lointaine, on peut dire que, pratiquement, il ne va pas travailler pendant ce temps-là. Et il ne s'agit pas d'un accident du travail ! Comme M. Rémi, beaucoup d'agents profitent de leur statut et de la complicité avouée des médecins.

La plupart des personnes qui appartiennent ou ont appartenu au cadre permanent de la SNCF ont droit aux prestations de la caisse de prévoyance.

La maison de santé de Munster

En raison de l'intégration du régime spécial d'assurance maladie des anciens chemins de fer d'Alsace-Lorraine, la SNCF est devenue propriétaire de la maison de santé de Munster. C'est la caisse de prévoyance qui supervise la gestion de cet établissement.

L'établissement compte actuellement 52 chambres, dont :
- 12 chambres avec confort (douche et cabinet de toilette)
- 11 chambres individuelles
- 26 chambres à 2 lits
- 3 chambres à 3 lits

L'équipement comprend :
- deux salles entièrement équipées pour la rééducation fonctionnelle (cages de pouliethérapie, tapis de marche, matériel de physiothérapie, etc.) ;
- une piscine de rééducation fonctionnelle ;
- un équipement de radiologie répondant aux besoins de l'établissement ;
- un analyseur des gaz du sang ;
- un spiromètre avec calculateur électronique ;
- deux électrocardiographes 3 pistes.

Le suivi et la surveillance médicale sont assurés par trois médecins à temps complet. En outre, deux médecins spécialistes en cardiologie et pneumologie assurent une vacation par semaine. L'établissement compte 51 emplois, dont 15,5 paramédicaux.

Les bénéficiaires sont :

1. Les affiliés, c'est-à-dire les agents en activité, les retraités et les veuves. Au total : **699 648** personnes au 31 décembre 1998.

2. Les ayants droit, c'est-à-dire principalement les conjoints et les enfants des affiliés mais également des personnes sans ressources, vivant sous le même toit que l'affilié et entièrement à sa charge (ayants droit exceptionnels) : **280 677 personnes dont 86 117 conjoints, 194 560 enfants et ayants droit exceptionnels**. Par exemple, la personne qui vit maritalement avec l'agent est admise au rang d'ayant droit si elle est à sa charge effective, totale et permanente.

Le droit aux prestations est ouvert pendant la durée de la vie commune. Au total, **984 841 personnes bénéficient du régime de santé de la SNCF.**

Le taux de cotisation des agents de la SNCF a été ramené en 1998 de 4,9 % à 0,15 %, soit une diminution de 4,75 points. Cela représente une **contribution totale des agents de 156 millions de francs.** Le Rapport annuel 1998 de la caisse de prévoyance nous montre des ressources totales de 9 303 549 891 francs pour des dépenses totales de 9 310 389 721 francs. Un résultat de l'exercice de – 6,8 millions. Donc, on peut dire qu'il y a presque une situation d'équilibre entre les ressources et les dépenses. Mais en regardant plus attentivement on trouve une **contribution de la SNCF de 2,8 milliards de francs.**

Comme la SNCF arrive à couvrir avec les recettes commerciales uniquement les salaires et une partie de la retraite, cela veut dire que **les 2,8 milliards se trouvent parmi les 75,5 milliards payés par le contribuable.** Donc c'est toujours le contribuable ou le cotisant qui paye les cliniques, la maison de santé et tous les avantages en matière de santé du personnel de la SNCF.

Quatre fois plus de personnel qu'au Japon !

Mais il y a des Français pour dire : d'accord, on paie pour la SNCF mais en échange on a un transport public moderne, un réseau qui couvre toute la France et dont tout le monde peut profiter. Ah ! la grandeur du service public français ! Regardons tout de même ce qui se passe à l'étranger en commençant par les chemins de fer du Japon (Japan Railways Group, East Japan Railway Company, Central Japan Railway Company, West JRC, Hokkaido JRC, Shikoku JRC, Kyushu JRC + une compagnie de fret + dix compagnies plus petites). Ces dernières sont de petites compagnies régionales. Nous allons prendre comme référence le Japan Railways Group (JRG), société publique privatisée en 1987 qui transporte plus de 90 % du total des passagers et exploite plus de 95 % du réseau des chemins de fer au Japon.

Au Japon, le trafic ferroviaire représente 27,3 % du total des transports tandis qu'en France seulement 7,7 %.

	SNCF	JRG
Longueur des lignes (km)	31 735	20 165
Nombre de voyageurs transportés par an	870 millions	8,75 milliards
Effectifs de personnel	178 893	172 000
Nombre de voyageurs transportés par km	36 250	433 920

Donc, la JRG avec uniquement 10 % de plus de personnel que la SNCF transporte **dix fois plus de voyageurs par km** (on tient compte de l'écart de kilométrage) ou neuf fois plus de voyageurs/agent. Si on appliquait les normes japonaises à la SNCF, **on devrait réduire par dix le nombre d'agents pour le trafic voyageurs et opérer avec un effectif de 14 500** ! En ce qui concerne le fret, la JRG a une compagnie à part qui emploie 9 486 agents pour un volume de trafic de 39,5 millions de tonnes à l'année. À la SNCF, on peut considérer d'après le raisonnement du début que les 133 millions de tonnes de marchandises nécessitent 25 % du personnel, c'est-à-dire 33 000 agents. Dans les deux cas, on a le même rapport de 4 000 tonnes/agent. Donc, **on peut estimer l'effectif total nécessaire, si on appliquait toujours les normes japonaises, à 14 500 + 33 000 = 47 500 agents. Presque quatre fois moins de**

personnel, ce qui enlèverait 33 milliards de francs uniquement aux dépenses de salaires !

La SNCF peut toujours invoquer comme excuse les différences culturelles, la capacité de travail extraordinaire des Japonais, le désir de réussir, d'être les premiers à tout prix, etc. Mais personne ne peut justifier cette différence de 1 à 4.

En l'espace de vingt ans, le nombre de voyageurs au Japon a pratiquement doublé. En 1980, l'ancienne société publique japonaise employait 413 594 agents. Vingt ans plus tard, 172 000. Donc deux fois et demie moins d'agents pour deux fois plus de voyageurs avec pratiquement la même longueur exploitée de lignes. En France, pour la même période, diminution de **0,44 % de personnel pour une augmentation du trafic de 20 %.**

La JNR (Japan National Railways) est passée à partir de 1987 par un processus de privatisation, « responsable » de l'évolution ultérieure des sept compagnies privés. En 1987, avant le début de la privatisation, la JNR avait une dette de 4 600 milliards de yens (306 milliards de francs). Aujourd'hui, treize ans plus tard, les sept compagnies privées ont une dette de **1 200 milliards de yens (80 milliards de francs). Donc une diminution de 380 %**. À la SNCF, la dette était de **90,7 milliards en 1987 et aujourd'hui de 232 milliards. Donc une augmentation de 255 %. Si la JNR était une société en faillite avant la privatisation, la SNCF l'est depuis quinze ans.**

Autres réformes à l'étranger

En 1993, les réseaux d'Europe ont connu un effondrement des trafics voyageurs et fret sans précédent, ce qui a obligé la plupart des gouvernements européens à prendre des mesures de redressement. Bruxelles avait décidé de séparer la gestion du transport des voyageurs et des marchandises de celle des voies dans chaque pays de l'Union européenne. Le but n'était pas de créer partout une deuxième société publique pour reprendre, comme en France, le passif énorme de la première, mais d'introduire la concurrence dans le système afin de permettre à différents opérateurs de partager un même réseau. On va voir que la plupart des pays du Vieux Continent se trouvent, malgré la lenteur du processus, sur la voie de l'ouverture à la concurrence sauf la France qui, en **dépit de la plus grave chute du transport des voyageurs (– 7,4 %), n'a pris aucune mesure pour réduire les dépenses, pour rendre le réseau plus efficace**. En décembre 1995, toutefois, une tentative du gouvernement Juppé de s'attaquer au régime spécial des cheminots s'est soldée par une réaction violente sans précédent de la part des syndicats et une grève qui a pris en otages les Français et paralysé l'économie nationale pendant un mois.

Regardons plus près de chez nous, en **Suède**, pays qui dans les années 1970-1980 avait développé un système d'assistanat encore plus fort que celui qu'on connaît actuellement en France et qui reste toujours le pays où le taux de prélèvement est le plus élevé du monde. Les effectifs de l'administration suédoise ont beaucoup diminué ces dernières années. En 1980, l'opérateur ferroviaire principal public, SJ, employait **37 500 agents** pour une longueur des lignes de 12 000 km. Depuis 1995, il existe, comme en France, un gestionnaire de l'infrastructure : BKV. Aujourd'hui, les effectifs des deux sont de **17 500 agents** et la longueur des lignes de 11 000 km. La SNCF, pendant la même période, est passée de **251 700 à 178 893** agents et de **34 000 km exploités à 31 735**. Si le taux de fermeture de lignes est le même pour les deux sociétés, le taux annuel de diminution des effectifs est **de 0,44 % en France et de 1,14 % en Suède**. Pour arriver en Suède à **5 836 voyageurs/agent** tandis qu'en France on est à **4 837**. Donc, une coupe dans les effectifs deux fois et quelques plus importante en Suède qu'en France. Et cela de la part de l'État le plus accroché à son administration et à ses acquis sociaux qui a compris qu'on ne peut plus appliquer en économie les mêmes méthodes qu'il y a vingt ans.

Aux **Pays-Bas**, la société publique NS s'était scindée depuis 1994 en trois entités autonomes : voyageurs, marchandises, infrastructures. L'État reste le patron mais les activités voyageurs et marchandises sont régies par la loi du marché, l'État **réduisant progressivement les subventions en vue d'une privatisation.**

La **réforme allemande** s'est traduite par la fusion, depuis le 1er janvier 1994, des deux anciens réseaux d'Allemagne de l'Ouest et de l'Est, transformés en une société anonyme de droit privé : la Deutsche Bahn AG (DBAG). L'État reste toujours le patron mais au bout de trois ans, la DB pouvait déjà afficher un bilan satisfaisant : le trafic voyageurs s'était accru de 10 %, les effectifs avaient chuté de près d'un quart, tandis que la productivité par salarié grimpait de 50 %. En 1990, avant la réunification, la Deutsche Bahn exploitait **26 943 km** de lignes. Après la réunification **42 000 km** et aujourd'hui **37 525 km**. L'effectif de la Deutsche Bahn en **1993** était de **301 936 agents**. Aujourd'hui, il est de **194 880**. Donc, **107 056 postes ont été supprimés en six ans, c'est-à-dire 35 % de l'effectif** malgré l'augmentation des lignes exploitées et du trafic. Finalement, à la SNCF, on a presque le même nombre d'agents (178 000) pour presque deux fois moins de voyageurs transportés par km et par agent : **4 837 voyageurs/agent contre 8 900 à la DB**. À la fin de l'année 2000, le président du directoire de la DB prévenait que la compagnie devrait connaître d'ici à 2005 un manque à gagner de 10,2 milliards d'euro par rapport aux prévisions et annonçait la suppression de **70 000 emplois** pendant ce temps-là !

Pays européens	Allemagne	Danemark	Espagne	France
Nombre de voyageurs (en millions)	1 735	144	452	**861**
Nombre d'agents (en milliers)	194 880	15 600	34 540	**178 000**
Voyageurs/agent	8 900	9 230	13 086	**4 837**
	Grande-Bretagne	**Pays-Bas**	**Suède**	**Suisse**
Nombre de voyageurs (en millions)	720	315	104	265
Nombre d'agents (en milliers)	100 000	24 000	17 820	29 200
Voyageurs/agent	7 200	13 125	5 836	9 075

Parce qu'on cherche une solution pour que le contribuable français ne soit plus obligé de payer chaque année 75 milliards de francs pour entretenir les effectifs pléthoriques de la SNCF, la réforme de la Deutsche Bahn (qui a encore un seul actionnaire : l'État) pourrait représenter pour les responsables français une solution de compromis pendant quelques années en attendant le début de la privatisation. Il s'agit d'une **réforme responsable de l'État allemand vis-à-vis du contribuable allemand**, lequel n'acceptait plus la situation financière catastrophique de la DB, caractérisée par une aggravation continuelle des déficits et de l'endettement qui est passé de 13,9 milliards de DM en 1970 à 47 milliards de DM en 1990 (160 milliards de francs).

On peut comparer la situation de 1997 à celle de 1993 pour porter un jugement sur les résultats essentiels de la réforme des chemins de fer allemands au cours des quatre premières années.

Voyageurs transportés (en millions)

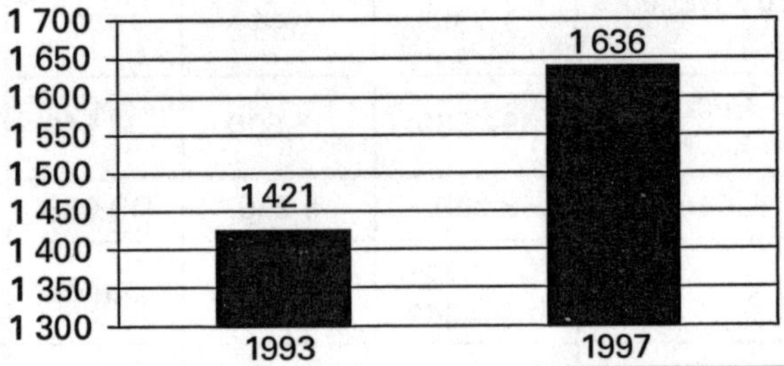

Ces réformes, on l'a vu, se sont accompagnées d'une diminution très importante de personnel.

En termes arithmétiques, **le contribuable allemand a économisé 16 milliards de DM (53,5 milliards de francs),** c'est-à-dire **13,4 milliards par an.** C'est en effet la somme que l'État fédéral aurait dû débourser en plus en cas de maintien du statu quo. **Si on appliquait la même réforme à la SNCF, on serait en situation d'équilibre au bout de cinq ans ! Mais il restera la dette, énorme, à payer.**

Pour l'avenir, les Allemands envisagent toutes les options, telles qu'une cotation en Bourse de certaines sociétés anonymes opérationnelles, jusqu'à l'éventualité, moins probable, d'une cotation en Bourse de l'ensemble du groupe qui ne serait possible que sur la base d'un amendement de la loi.

Couler en silence

Le trou du Crédit lyonnais de 150 milliards de francs a fait couler beaucoup d'encre. À la SNCF, on a un Crédit lyonnais tous les deux ans et cela depuis vingt ans. À l'exception du *Rapport interdit*[1] sur la SNCF de Christian Julienne paru en 1996 et de quelques articles, personne

1. C. Julienne, *SNCF, Le Rapport interdit*, Les Belles Lettres, 1996

n'en parle. Peut-on continuer à cacher aux Français cette réalité au nom du service public ? Pourquoi les autres pays européens ont-ils commencé les réformes et pas la France ? Pourquoi les organismes de contrôle gardent-ils le silence sur l'inefficacité des chemins de fer en France et sur la contribution publique, énorme, à l'équilibre de la SNCF ? Est-ce un secret ? Les Français ont-ils ou non le droit de connaître la vérité ?

Les chiffres donnent l'image d'une organisation ferroviaire déconnectée de la réalité, qui cherche surtout à garder des privilèges sociaux inadmissibles en bénéficiant toujours d'un régime spécial du temps de la dure époque de la pelle et du charbon. André Blanc, ancien ingénieur de l'École centrale, qui a débuté comme mécanicien sur une 241-A, une grosse locomotive à vapeur du réseau Est, témoigne : « À cette époque, le chauffeur devait enfourner à la pelle 800 kilos de briquettes et 7 tonnes de charbon en vrac dans le foyer entre Paris et Metz, sur la plate-forme d'une machine à l'air libre où le mécanicien surveillait les signaux, penché à mi-corps vers l'extérieur. On peut imaginer que le travail était fort différent d'aujourd'hui. Les chauffeurs devaient avoir du biceps et voir dans le feu. L'électrification et la diésélisation ont changé tout cela. Le ménage à trois – machine, mécanicien, chauffeur – a disparu. »

Chapitre IV

Des agents qui ne rament pas beaucoup

Un jour, dans un taxi, la conversation se noue avec le chauffeur, un jeune de trente-cinq ans ouvert et sympathique. Pour une raison quelconque, à un moment il déclare : « Pouvez-vous croire, monsieur, que j'ai démissionné de la RATP pour devenir chauffeur de taxi ? Je n'ai pas voulu subir le sort de deux de mes camarades et me suicider. Quand on est à la RATP, on a tellement d'avantages que toutes les filles vous courent après ; et font marcher la carte de crédit. Et mes deux copains ont accumulé tellement de dettes qu'ils ont fini par se donner la mort. J'ai voulu partir avant. »

Il y a trente ans, c'étaient les polytechniciens qui étaient courtisés par les demoiselles. Heureusement, à l'époque, il n'y avait pas encore de cartes de crédit.

On ne devrait que se réjouir de la belle vie ainsi donnée à 14 000 de nos concitoyens, si cette belle vie n'était pour moitié payée par les contribuables (ceux de Marseille, Lyon, de Trifouillis-les-Oies comme ceux de Paris) et non par les seuls usagers du métro ou des bus parisiens.

Comment les syndicats sont-ils parvenus à organiser une de leurs plus belles villégiatures ? Commençons par les centres de vacances avant de voir comment est financée cette vie de château (les syndicats et syndicalistes vont certainement protester mais, bonnes gens, attendez de voir comment un employé de la RATP, faisant un travail équivalent à celui d'une ou d'un employé du privé, s'est débrouillé pour ne travailler que l'équivalent de 20 heures par semaine, tout en étant mieux payé et avec une retraite beaucoup plus confortable).

Centres de vacances et comité d'entreprise

Car à la RATP, les dépenses ne concernent pas seulement les salaires et les retraites. Ses agents bénéficient aussi des largesses d'un comité d'entreprise richement doté.

Le comité d'entreprise de la RATP détient un budget de plus de 380 millions de francs, l'essentiel étant couvert par une subvention de 240 millions de francs ; il possède un parc immobilier impressionnant : un château, une quarantaine de centres de vacances dont deux parcs de loisirs. Pour financer ses activités (départs en vacances, crèches, centres de loisirs, etc.), **la RATP lui verse une subvention spécifique représentant environ 2 % de la masse salariale, alors que dans le privé ce pourcentage dépasse rarement 1,5 %**. Les subventions de fonctionnement du comité d'entreprise s'élèvent légalement à 0,2 %, mais s'y ajoute généralement une subvention aux activités prétendument sociales et culturelles. Plusieurs entreprises privées nous ont communiqué le taux de subvention de leur comité d'entreprise. Il est de 1 % à la Banque franco-portugaise et au groupe Expansion et de 0,9 % à Disneyland Paris. Cela ne veut pas dire que ce taux n'est pas plus élevé dans d'autres sociétés, mais nous sommes loin des 2 %.

Les prestations proposées par le comité d'entreprise sont les suivantes :

– Vacances, restaurants d'entreprise, loisirs, culture, sport, arbre de Noël.

Les conditions requises :

– Les enfants doivent être âgés de moins de 16 ans ou de 21 ans s'ils sont scolarisés et ne pas être mariés.

Qui a droit aux services du comité ?

– Les agents salariés ou retraités, les époux et épouses d'un agent actif ou retraité ; les enfants vivant au foyer de l'agent, les veufs et veuves d'agent, les concubins.

Le comité d'entreprise de la RATP possède :

– 24 restaurants en Île-de-France ;

– 20 centres de vacances ;

– 2 parcs de loisirs en Île-de-France ;

– 30 centres pour les enfants (dont 21 propriétés de la RATP) qui ont accueilli 8 000 enfants en 1999 ;

– 8 bibliothèques et médiathèques ;

– 1 château (propriété) à Fontenay-lès-Bris.

Le budget 2000 s'élève à un peu plus de 380 millions de francs, l'essentiel de ce montant prévisionnel étant couvert par une subvention de 240 millions de francs, allouée par la RATP. En fait, comme on va le voir, la RATP étant en fort déficit couvert par l'État, les collectivités locales et les entreprises de la région parisienne, cette subvention provient pour la plus grande partie de la poche des contribuables.

À titre indicatif, les activités culturelles et sociales représentent près de 154 millions de francs dont 84 millions environ sont alloués aux vacances et loisirs des adultes, presque 44 millions à l'enfance et à la jeunesse et 9 millions aux activités culturelles.

Concrètement, 30 100 journées de vacances supplémentaires sont ainsi proposées aux agents et à leurs familles par rapport à l'année 1999. Une hausse de 10 % tandis que le déficit de la Régie augmente chaque année.

Exemple : pour les vacances d'hiver, la mise à disposition gratuite de l'équipement de ski pour toute la famille. Normalement, pour une famille de quatre personnes, le prix de location est en moyenne, par semaine, de 3 000 francs.

Autre exemple : le centre de Keryomel à Bénodet dans le Finistère-Sud. Trente-six chambres de un à six lits avec salle de bains. Le centre est situé face à la mer. Tarif ridiculement bas : 700 francs la semaine en pension complète selon quotient familial.

Autre destination : La Bernerie (Loire-Atlantique) à partir du 3 juillet – un centre complètement rénové avec dix-neuf appartements neufs. Du deux-pièces au quatre-pièces en duplex ; coût de la rénovation : 12 millions de francs.

Le château de Fontenay-lès-Bris est un vrai paradis sur terre avec trente chambres, deux agréables salles de restaurant, des repas à thème, des animations musicales. Pour les réunions de travail ou les cocktails, le domaine dispose de trois salles pouvant accueillir de vingt à cent personnes. Sur 74 hectares, les possibilités de détente sont nombreuses et de haut standing : trois courts de tennis, mini-golf et VTT dans le parc du château, étang plein de truites réservé aux passionnés de la pêche, centres équestres, golf, parc aquatique, circuit automobile de Montlhéry, sentiers de randonnées de la vallée de Chevreuse à proximité. Les activités proposées sont soit gratuites soit à des prix dérisoires.

Dans les vingt centres de vacances, les deux parcs de loisirs et les vingt et un centres pour les enfants, il y a en moyenne quinze personnes qui travaillent soit de façon permanente soit en saison. Le prix d'achat de ce parc immobilier ? Plus de 2 milliards de francs.

La RATP possède vingt-quatre restaurants en Île-de-France. Depuis six ans, le restaurant de Neuilly-Plaisance fait salle comble tous les midis. La file d'attente se prolonge jusque dans la rue malgré une capacité d'accueil d'environ 350 couverts. Il est lumineux grâce aux spacieuses baies vitrées, convivial avec une superbe décoration d'ensemble. Certains avouent venir de loin dès que leur emploi du temps le leur permet.

Coût du repas ? 28 francs. Coût réel : 78 francs. La différence est supportée par qui ? Comme toujours, par l'argent public puisque les recettes de la Régie ne couvrent même pas les salaires de ses agents.

Qui finance la RATP ?

Contrairement aux impressions laissées par un examen superficiel des comptes de la RATP, ceux-ci ne sont pas en équilibre et obligent l'État à attribuer chaque année une subvention de 5 milliards de francs, environ le quart du budget des dépenses. Répétons qu'il s'agit d'une subvention de l'État, c'est-à-dire des contribuables, même ceux qui n'utilisent pas le réseau de la RATP. De plus, la Régie des transports parisiens bénéficie des subventions des collectivités locales et des entreprises publiques ou privées desservies par le réseau. Les subventions ne seront pas mises en cause ici dans la mesure où les collectivités territoriales sont des clientes qui ont décidé de financer par l'impôt un service qui bénéficie à tous. Mais peut-on en dire autant du financement de l'État alors que ce sont tous les contribuables qui paient leur dîme ?

Le déficit de la RATP est-il inéluctable ? Cela est-il dû aux tarifs trop bas ? À la qualité des moyens de transport qui serait trop exceptionnelle ?

En analysant les coûts de la main-d'œuvre (traitements, effectifs, productivité des heures travaillées et absentéisme), le coût des retraites, les autres avantages sociaux, le déficit de 5 milliards serait résorbé si :

1. le personnel n'avait pas des traitements supérieurs d'au moins 20 % par rapport au privé ;
2. les agents travaillaient 39 heures par semaine et non pas 35 voire 30 ;

Recettes et dépenses de la RATP en 1998		
Produits	**Milliards**	**%**
Produits du transport	18 158,6	74
– recettes du trafic	9 090,4	37
– remboursement art. 8-2-5*	3 706,3	15
– remboursement art. 8-6*	27,7	0
– indemnité compensatrice*	6 332,0	26
(à déduire TVA)	*– 997,8*	*– 4*
Produits des activités annexes (publicité...)	448,0	2
Produits divers	1 638,6	7
Produits en atténuation des charges d'amortissement*	1 946,4	8
Produits financiers	553,2	2
Produits exceptionnels	1 779,2	7
Total	**24 524,0**	**100**
Principaux remboursements et indemnités	10 066,0	
– remboursement art. 8-2-5*	3 706,3	
– remboursement art. 8-6*	27,7	
– indemnité compensatrice*	6 332,0	
*argent public (État, collectivités locales) ou contribution forcée des employeurs		
Origine des remboursements et indemnités	**10 218,0**	
État	4 567,0	45
Collectivités locales	2 485,0	25
Employeurs	3 166,0	31
Dépenses		
Consommation en provenance de tiers (fournitures, carburants....)	3 386,0	14
Impôts, taxes et versements assimilés	1 123,0	5
Charges de personnel	12 388,4	51
– salaires et traitements	7 544,0	31
– charges sociales	2 280,0	9
– insuffisance du compte retraites	2 564,4	10
Amortissements et provisions	3 327,7	14
Autres charges	63,3	0
Charges financières	2 328,4	9
– intérêts et charges assimilées		0
Charges exceptionnelles	1 833,8	7
Excédent	*73,4*	0
Total	24 524,0	100

3. le personnel ne partait pas à la retraite à 53,5 ans au lieu de 61,8 ans dans le privé ;

4. les retraites n'étaient pas de 60 % plus élevées que dans le privé.

Il faut ajouter que la RATP est à la limite de ses possibilités de financement car elle a déjà une dette de 21 milliards, représentant un an de recettes (subventions comprises) qui lui coûtent 2 milliards d'intérêts par an. Si la RATP était privatisée, elle serait en faillite.

Quel est le vrai coût des transports parisiens ?

Les transports publics parisiens coûtent environ 24,5 milliards de francs par an (statistiques 1998). D'après les comptes de résultat, la RATP retirerait officiellement 19 milliards de produit des transports, le reste étant des subventions publiques. En fait, la réalité est autre. Les recettes obtenues grâce aux ventes de produits (tickets, abonnements) ne couvrent que 9 milliards de francs des dépenses totales (37 %), le reste étant pris en charge par l'État (4,6 milliards), les collectivités locales et les entreprises publiques (5,6 milliards). Sur ce total, environ 55 % représentent les dépenses de personnel (salaires, traitements, primes, retraites). De plus, la RATP émet des emprunts obligataires pour les investissements, ce qui fait d'elle l'une des entreprises publiques les plus endettées.

Pour mieux rendre compte des avantages d'un agent ayant la chance d'être dans cette « entreprise », prenons l'exemple réel d'un conducteur de bus qui a travaillé pendant dix ans dans une – vraie – entreprise privée des transports en commun de la région parisienne, et qui, au bout de dix ans, est entré à la RATP. Après plusieurs entretiens, il nous a révélé les avantages dont il dispose après dix mois de travail à la RATP.

Pour le même travail de machiniste :

	Privé (dix ans d'expérience)	RATP (dix mois d'expérience)
Salaire net	10 600 francs	12 342 francs
Heures de travail par mois	174,58 + 5,58 h sup. (donc une semaine en plus)	au maximum 140 h
Retraite	8,4 % (cotisation vieillesse) + 10,18 % (retraite complémentaire) = 18,58 %	7,85 % (régime spécial)
Départ à la retraite	61,8 ans	possibilité à 50 ans
Base de calcul retraites	25 meilleures années	85 % du dernier salaire
	Régime privé avec licenciement possible	Garantie de travail à vie (fonction publique)
Loisirs	aucun	avantages (voir le CRE de la RATP)

Quant aux salaires moyens nets mensuels (en francs en 1998) :

Salariés du privé	10 895
Fonctionnaires	12 500
Banque de France	18 936
RATP	13 200

La RATP obtient ainsi la médaille d'argent dans le classement des entreprises (publiques) dont les salariés sont les mieux payés en France.

Un taux d'absentéisme élevé et des grèves à répétition

Dans le numéro 57 de mai-juin 1998 des *Dossiers de l'iFRAP*, il a été rendu public le taux d'absentéisme dans la fonction publique en révélant surtout qu'il y avait deux fois plus d'absences dans le public que dans le privé et que son coût s'élève à plus de 140 milliards de francs. Dans le secteur public, les absences varient entre 11 et 15 % pour culminer, dans certains secteurs très spécifiques, comme par exemple la caisse d'allocations familiales, à plus de 26 %. Dans les entreprises publiques, la situation n'est guère meilleure. À l'ANPE, le taux d'absentéisme est de 10 % tandis que celui de La Poste dépasse les 13 %. À la RATP, ce taux est moins élevé mais il n'en est pas moins important : il dépasse les 8,8 %.

Regardons en détail comment se répartissent les journées d'absence chez les agents de la RATP. Même si le personnel administratif n'effectue pas le travail le plus difficile, c'est lui qui détient le second taux d'absentéisme le plus élevé.

	Nombre de journées d'absence par an	Nombre moyen d'absence par agent M + M + A[1]
Cadres	13 307	6,6 j/an (3,4 + 3,1 + 0,1)
Maîtrise	48 326	9,2 j/an (6,1 + 2,7 + 0,4)
Roulants	205 826	19,2 j/an (12,8 + 5 + 1,4)
Maintenance	81 764	19,5 j/an (10,6 + 7,4 + 1,5)
Exploitation	166 749	24,3 j/an (15,4 + 7,2 + 1,7)
Administration	22 079	24 j/an (20,2 + 2,8 + 1,2)
Total 538 051 journées par an		

1. M : maladie ; M : maternité ; A : accident de travail et de trajet.

Ce qui ressort du bilan social de la RATP, c'est que le nombre de journées d'absence (avec solde) pour « congés spéciaux » et avec « autorisations d'absence » a augmenté de 11 % entre 1997 et 1998, tandis que celui des « absences irrégulières » (sans solde) est en hausse de 90 % sur la même période.

Absences avec solde	1997	1998
Congés spéciaux d'ordre familial et autorisations d'absence	56 610	63 009
Consultations médicales et médecine du travail	37 309	37 431
Relèves syndicales et œuvres sociales, informations syndicales et convocations diverses	79 480	56 447
TOTAL	**173 399**	**156 977**

Absences sans solde	1997	1998
Disponibilités d'ordre personnel	81 334	86 055
Suspension de service et absences irrégulières	11 440	21 449
TOTAL	**92 774**	**107 504**

Une retraite à 85 %
et un surcoût de plus de 3 milliards

Les agents de la RATP prennent leur retraite à 53,5 ans (l'âge moyen). Néanmoins, ceux qui travaillent à l'exploitation et les roulants (les chauffeurs et les conducteurs) ou bien ceux qui auraient vingt-cinq ans d'expérience peuvent partir à la retraite plus tôt, à 50 ans. Même ceux qui n'ont pas suffisamment d'ancienneté peuvent demander leur retraite à 50 ans, mais ils ne toucheraient que... 75 % du dernier salaire. Afin d'assurer une retraite confortable, les promotions en fin de carrière sont nombreuses : on gèle les postes les plus importants pour pouvoir y installer ceux qui doivent partir à la retraite prochainement (dans les six mois). Et le manque de postes est compensé par une augmentation substantielle des salaires.

La retraite des agents de la RATP et celle des salariés du secteur privé ne sont pas calculées de la même manière. Le salarié reçoit des points en fonction de ses cotisations, qui sont proportionnelles à son salaire.

À la RATP, on raisonne en année d'activité. Toute année d'activité donne droit à une pension de retraite égale à 2 % du dernier revenu avant la retraite. Les 37,5 ans d'activités (pour les non-roulants) donnent droit à une retraite de 75 % du dernier revenu. **Quelques heures de travail par semaine ou par mois pendant toute la carrière et 35 heures par semaine les six derniers mois donnent droit à une retraite complète.**

Ce régime serait moins critiquable si la RATP finançait ses retraites sur le produit de son exploitation. Mais le financement du régime de retraite est assuré par des cotisations salariales au taux de 7,85 % (entre 9,3 et 12 % dans le privé) assises sur le traitement indiciaire et une partie des primes, une contribution variable de l'employeur au titre de la cotisation patronale de 15,34 %[1] du montant des traitements et accessoires définis et par une indemnité compensatrice de l'État qui assure l'équilibre du régime.

L'écart entre les dépenses et les recettes tirées des cotisations salariales et patronales en milliards de francs constitue en effet « l'insuffisance du compte retraite »[2]. Cette insuffisance (2,5 milliards de francs en 1998)

1. Source : *Les comptes de la Sécurité sociale*, septembre 1997.
2. Source : RATP, *États financiers 1994.*

représente la différence entre les 57 % (cotisation employeur) qui apparaissent sur les fiches de paye et les 15,34 % supposés payés par la Régie. En fait, les 57 %, c'est le besoin réel de la Régie pour la retraite.

Le coût de la retraite à la RATP (1998)			
RATP (Cotisations agents)	État	Collectivités locales	Total
492 millions	2,5 milliards	1,1 milliard	4,1 milliards de francs

Finalement, pour le financement de sa retraite, il n'y a que 7,85 % payés par le salarié, la différence étant prise en charge par l'argent public. La commission des comptes de la Sécurité sociale confirme cet ordre de grandeur : les sommes versées par la Régie couvrent seulement 11 % de la retraite, les 89 % restants étant payés par l'impôt[1]. On a bien lu : 11 % !

La RATP se trouve sans contestation possible parmi les organismes les plus généreux en matière de retraites, avec une cotisation retraite de 57 % du revenu touché par le salarié alors que cette cotisation ne dépasse pas 16 % dans le régime général ; mais elle est payée par le contribuable.

Les agents de l'« entreprise publique » bénéficient, bien sûr, de quelques autres avantages.

La RATP propose plusieurs types de bonifications :

– bonifications pour raisons familiales (+ 10 % pour trois enfants, + 15 % pour quatre, + 20 % pour cinq enfants) ;

– bonifications professionnelles avec des années de bonus distribuées en prime. À la RATP, ces bonifications

1. Source : *Rapport de la Cour des comptes,* 1997.

comptent même double : les mères de famille bénéficient à partir du troisième enfant de trois ans de bonifications, c'est-à-dire 37 ans = 40 ans = 80 % du dernier salaire (ou les six derniers mois) sans oublier les 10 %, ce qui porte la retraite à 88 %. Il y a aussi le père de famille qui a droit à une année de bonification par enfant.

Classement de la retraite moyenne dans quelques entreprises publiques[1] :

	Montant retraite annuelle en francs	Rapport démographique[2]
Retraités du privé	61 000	1,82
Fonctionnaires	98 369	2,20
PTT	100 500	2,72
SNCF	93 449	0,86
RATP	100 887	1,30
EDF-GDF	129 326	1,65
Banque de France	117 973	1,53

À la RATP, les retraites sont élevées, tandis que le rapport démographique est parmi les plus bas[3]. Encore heureux que personne ne mesure l'étendue de ces privilèges : la régie serait prise d'assaut par tous ceux qui aspirent à une vie meilleure !

1. Stéphane Hamayon, Michel Rouquès, *Le Financement des systèmes de retraite spéciaux*, Paris, 1997.
2. Nombre d'actifs par retraité.
3. *Le Financement des systèmes de retraite spéciaux*, *op. cit.*

Chapitre V

L'univers magique du contrôle aérien

L'un des acteurs les moins connus du grand public est l'UNSA, l'Union nationale des syndicats autonomes, regroupant, entre autres, les contrôleurs aériens chargés de guider les avions au-dessus de la France ou leurs atterrissages et décollages des aéroports de l'Hexagone.

Ce syndicat est à l'origine de toutes les misères qui s'accumulent sur les touristes ou les hommes d'affaires qui voient subitement leurs vols déprogrammés ou retardés. Et pas seulement les Français mais une grande partie des Européens car les contrôleurs aériens français contrôlent en fait près de 50 % de la circulation aérienne en Europe du fait de la position géographique de notre pays.

Qui sont ces contrôleurs aériens qui, avec un peu plus de 4 000 personnes, ne représentent qu'une fraction du personnel dépendant de la Direction générale de l'aviation civile, qui, elle, emploie un peu plus de 10 000 personnes[1] ? Leurs responsabilités sont grandes puisque de leur attention dépend la vie de centaines de passagers et

1. Ces 10 000 personnes se répartissent en : 3 980 ingénieurs du contrôle de la navigation aérienne (ICNA) dits « aiguilleurs du ciel », 1 382 ingénieurs électroniciens des systèmes de la sécurité aérienne (IESSA) ; 1 572 techniciens supérieurs des études et de

il est courant de voir dans leurs revendications invoquer le stress que ces responsabilités entraînent pour justifier toujours plus de moyens, notamment en personnel, et des horaires réduits.

Réorganiser l'espace aérien européen

1er juillet 2002, 23 h 35 et 33 secondes : collision à 35 400 pieds d'altitude au-dessus du lac de Constance à la frontière entre la Suisse et l'Allemagne entre un Tupolev 154 russe de la Bashkirian Airlines en vol pour Barcelone et un Boeing 757 cargo de la société de transport express DHL à destination de Bruxelles. Les soixante et onze passagers des deux avions, dont une quarantaine d'enfants et d'adolescents russes, ont péri.

De nos jours, les collisions aériennes sont extrêmement rares parce que les avions sont dotés des systèmes d'alerte anticollision (TCAS) et sont pris en charge pendant leur trajet par les aiguilleurs du ciel des centres de contrôle en route de la navigation aérienne.

Alors, que s'est-il passé ce 1er juillet 2002 ? Le pilote de Boeing avait tout de suite suivi le TCAS qui lui ordonnait de descendre. En même temps, le pilote russe avait reçu de son ordinateur l'ordre contraire de monter pour éviter la collision. Les deux avions étaient depuis

---

l'exploitation de l'aviation civile (TSEEAC). À ceux-ci viennent s'ajouter : 940 ingénieurs de l'aviation civile (IAC) et ingénieurs des études et de l'exploitation de l'aviation civile (IEEAC) ; 1 560 personnels administratifs ; 850 ouvriers ; 195 personnels navigants. À ces agents rémunérés par la DGAC s'ajoutent 800 agents rattachés au ministère de l'Équipement qui intervient principalement dans le domaine des bases aériennes et plus généralement dans le cadre des opérations de génie civil conduites par la DGAC.

quelques minutes pris en charge par le centre de contrôle de Zurich. Dans chaque centre de contrôle, il y a un système d'alerte au sol censé prévenir tout risque de collision à l'aide de signaux sonores et optiques sur l'écran de contrôle. Le système d'alerte au sol dans le centre de contrôle de Zurich était exceptionnellement déconnecté pour cause de maintenance. Dans ce cas précis, la présence d'un deuxième contrôleur est obligatoire. Or, à Zurich, le deuxième contrôleur s'est absenté pour une petite pause, considérant que le trafic était modeste. Le seul contrôleur qui restait a donné l'ordre de descendre au pilote russe qui avait pourtant reçu l'ordre contraire de son TCAS, c'est-à-dire de monter. Un contrôleur allemand installé à Karlsruhe, prévenu par son système d'alerte au sol, a essayé d'alerter à plusieurs reprises son collègue suisse de l'imminence d'une collision. D'abord par téléphone mais la ligne a sonné occupée pendant une minute et après, en vain, par un dispositif prioritaire. Il essaiera de joindre Zurich jusqu'au moment du choc. Ainsi, les causes de l'accident proviennent des défaillances en chaîne du contrôle suisse intégré dans le système de contrôle aérien européen, mais aussi du manque de communication entre les contrôleurs suisse et allemand.

Cet accident a accéléré le projet de réforme du contrôle aérien européen. Cette réforme était déjà envisagée pour faire face à la croissance du trafic en Europe qui va doubler de 7 millions de vol par an en 1997 à 15,8 millions en 2020. La Commission européenne avait depuis quelque temps mis en cause la qualité du contrôle en général en Europe en raison de l'absence d'un système européen commun de gestion de l'espace aérien. Celui-ci est trop segmenté en 71 centres de contrôle et leur multiplication, nuisible, accroît les problèmes de communication, l'une des causes de l'accident.

La résistance de l'UNSA ne va pas faciliter les choses : la mise en service de la quatrième piste de Roissy a entraîné un rapprochement des trajectoires d'approche des aéroports de Roissy et Orly. Tous les pays confrontés à ce problème d'interférence entre deux plates-formes l'ont résolu en les fusionnant en un seul centre de contrôle.

Compte tenu de l'évolution des trafics respectifs, le choix d'implantation du centre se portait naturellement vers Roissy où auraient été mutés les contrôleurs du centre d'Orly.

Mais ceux-ci, confortablement installés dans les banlieues résidentielles du sud de Paris, s'y sont fermement opposés en menaçant de bloquer Orly par une grève à l'appel de l'UNSA. Nous continuons donc à payer deux centres de contrôle et tant pis pour la sécurité.

Un autre problème soulevé par la Commission concerne les règles internationales imposant d'utiliser l'anglais comme langue unique de communication entre les contrôleurs et les pilotes. Ces règles ne sont pas toujours respectées. Les contrôleurs français communiquent en français avec les pilotes français ; les pilotes étrangers sont donc contraints de s'adapter à la langue française s'ils veulent comprendre ce qui se passe autour d'eux pour leur propre sécurité !

Mais la principale inquiétude de la Commission européenne, c'est le manque de contrôle des contrôleurs : « On n'a pas en France de suivi fiable de la présence des contrôleurs aériens. On n'a pas de moyen de savoir s'il y a dix contrôleurs à l'heure là où il doit y en avoir dix », reproche Jean-Baptiste Stuchlik, chercheur au Centre de recherche en gestion de l'École polytechnique.

Bruxelles a répondu par un projet appelé « Le ciel unique » rejeté en bloc par les syndicats de la DGAC, organisme public rattaché au ministère des Transports qui s'occupe de la partie civile de cette activité.

Que propose la Commission dans ce projet de « ciel unique » ? D'abord, que des normes unifiées soient imposées au niveau européen. Ensuite, un contrôle des contrôleurs et un vrai pouvoir de sanction. Actuellement, chaque pays est censé appliquer les normes édictées par Eurocontrol à Bruxelles, sans être toutefois obligé de le faire. La Commission européenne souhaite que ces normes soient rattachées au droit communautaire, afin de traduire devant la Cour de Luxembourg les États récalcitrants. La Communauté réglemente, Eurocontrol prépare et applique, les autorités nationales font respecter les règles.

Deuxième objectif : la restructuration de l'espace aérien européen en fonction des flux de trafic et non plus des frontières nationales. À titre d'exemple, une liaison Rome-Bruxelles survole neuf centres de contrôle de l'Union européenne. Une fois le ciel unique adopté, elle n'en survolerait plus qu'un.

Un troisième objectif serait l'ouverture à la concurrence des services annexes (météo, communication, navigation et surveillance).

Enfin, pour répondre à la croissance du trafic, la Commission propose une augmentation des effectifs de contrôleurs en Europe de 20 %.

En revanche, elle ne propose ni la privatisation des services du contrôle aérien ni leur mise en concurrence, choix qui relèvent de chacun des États de l'Union européenne et de la Suisse. Elle ne propose pas non plus le changement du statut des contrôleurs (aiguilleurs du ciel) de la DGAC. Les États membres peuvent continuer à désigner des prestataires de services opérant dans des conditions de monopole dans un espace aérien déterminé.

Le projet a été adopté au début du mois de décembre 2002 par les ministres des Transports des Quinze. Il sera appliqué à partir de 2005. Le ministre des Transports français, Gilles de Robien, avait obtenu auparavant des garanties que les projets de « ciel unique » n'aboutissent pas à une privatisation du contrôle aérien. Donc, il n'y aura pas d'exigences de la Commission européenne pour un changement de statut des agents de la DGAC.

Le blocage des aiguilleurs français

Après 2005, s'il y a « ciel unique », il y aura probablement un seul centre de contrôle en route de la navigation aérienne en France au lieu de cinq actuellement. **Les aiguilleurs du ciel français sont les seuls en Europe à bénéficier du droit de grève.** Jusqu'à présent, les dernières grèves ont provoqué une perturbation du trafic uniquement dans l'espace aérien français. Après 2005, les contrôleurs français couvriront une grande partie du ciel européen. Et comme le droit de grève n'est pas remis en cause par le projet de « ciel unique », on peut penser qu'à l'occasion d'une grève en France, c'est tout l'espace aérien européen qui sera paralysé. Dans ce cas, on peut se poser des questions sur la faisabilité du projet de « ciel unique ».

Comment concilier le futur « ciel unique » avec le statu quo demandé et obtenu par les syndicats de la DGAC ?

Ce statu quo se justifie-t-il par les performances atteintes par la DGAC ?

Les contrôles aériens allemand et anglais deux fois plus efficaces que le contrôle français

Le contrôle aérien, qui devrait s'appeler l'assistance aux aéronefs en vol et non « contrôle », est le service opérationnel de la DGAC.

Au décollage ou à l'atterrissage, les contrôleurs sont chargés, dans les zones terminales, d'éviter tout conflit entre les vols. Ils transmettent aux pilotes les paramètres nécessaires concernant l'aéroport dont ils ont la charge. Leur rôle s'arrête lorsque l'avion est parqué et arrête ses moteurs.

Pour les avions en route, les contrôleurs suivent la progression sur leurs radars et assurent l'espacement entre appareils de manière à éviter les risques d'abordage et réguler les arrivées sur les quelques plates-formes aéroportuaires chargées (elles se comptent sur les doigts de la main). Il s'agit pour l'essentiel des avions commerciaux et de vols à haute altitude où il y a très peu d'interférences avec l'aviation légère ou militaire.

On peut comparer les effectifs de contrôleurs et le nombre de vols contrôlés dans différents pays développés.

	Nombre de vols contrôlés	Nombre de contrôleurs	Rapport vols/ contrôleur
France	2 500 000	4 113 au 1er janvier 2002	607
États-Unis	73 000 000	18 000	4 055
Allemagne	2 600 000	1 700	1 529
Royaume-Uni	2 350 000	1 600	1 468

La charge de chaque contrôleur français est six fois et demie moindre que celle de son homologue américain.

Elle est aussi largement inférieure (deux fois et demie moins) à celle des Allemands et à celle des Anglais. Notons que sur beaucoup d'aéroports modestes, cette tâche est dévolue à des agents salariés des chambres de commerce locales et non à la DGAC. Les appareils militaires ont, quant à eux, leur propre contrôle qui interfère parfois avec le contrôle civil.

Quoi qu'il en soit, le nombre d'appareils volants sous immatriculation d'un pays et le nombre de pilotes certifiés du même pays sont des indicateurs pertinents de la nécessité d'existence de la DGAC, car il est bien évident que s'il n'y a ni pilotes ni avions, elle n'a pas de raison d'être.

L'espace aérien est utilisé par de nombreux acteurs privés, publics, ou militaires qui utilisent essentiellement des avions gros ou petits, lents ou rapides, des hélicoptères, parfois des planeurs ULM, ballons ou autres objets volants.

Les uns doivent pouvoir voler en toutes conditions météo et suivent les règles du « vol IFR » ou « vol aux instruments » sous plan de vol qui implique l'assistance du contrôle aérien du sol ; les autres appliquent les règles du « vol à vue » (VFR) avec ou sans plan de vol, le plus souvent sans, mais en général en contact avec le contrôle aérien.

Il y a 6 000 aéronefs immatriculés en CDN (certificat de navigabilité) France, en état de vol, avions ou hélicoptères, en grande majorité privés, c'est-à-dire non susceptible de faire du transport public. La DGAC annonce 13 000 aéronefs mais cela inclut les ULM, les ballons et les montgolfières.

Il y a environ 50 000 pilotes certifiés à jour, la grande majorité titulaires d'une licence privée. Cela donne un ou deux agents DGAC par aéronef selon le chiffre retenu.

Comparons les chiffres :

	Avions	**Agents**	**Contrôleurs**	**Non-opérationnels**
États-Unis (FAA)	185 000	50 000	8 000 9 000 ATC 9 000 autres	14 000 (28 %)
France (DGAC)	6 000	10 778	6 934 dont 4 113 contrôleurs	3 844 (36 %)

Si l'on rapporte le nombre d'agents de l'organisme au nombre d'avions en CDN du pays, on s'aperçoit que la DGAC est sept fois moins performante que son homologue américaine. Ce chiffre monte à neuf fois si l'on ne prend que les non-opérationnels.

Les performances de qualité

Quelle est la qualité du service offert par la DGAC aux utilisateurs ? Voici quelques impressions d'un pilote français privé, licence VFR (vol à vue) 1984, « qualification nuit et bimoteur », 1 300 heures, propriétaire de trois avions successivement, et vol en club :

Les pilotes privés VFR utilisent les services du contrôle en vol lorsque c'est obligatoire, trajet sous plan de vol par exemple ou pour un besoin ponctuel, statut instantané d'une zone particulière, dernière météo d'un aéroport lors d'un vol long, traversée d'une zone classée B, C ou D... Ils communiquent avec les services des tours de contrôle au départ ou à l'arrivée, ou lors de la traversée d'une zone terminale autour d'un aéroport survolé.

Voici mes impressions sur ces services dans les pays où j'ai volé en pilote ou copilote, sachant que la communication se fait en anglais et que, l'accent aidant, les contrôleurs sont plus patients et répètent bien volontiers.

J'ai plus d'expérience en France bien sûr et de ce fait mon appréciation est plus forte mais limitée aux vols VFR.

1986 à 1999 Espagne

Courtois, très attentifs aux éléments du plan de vol, en particulier ceux liés à la sécurité (autonomie, nuit aéronautique...).

1991 États-Unis/Canada

Vols surtout en IFR (vol aux instruments), quelques VFR. Contrôle aérien très professionnel. Ils vous font sentir qu'ils sont là pour vous aider et ont un souci constant d'efficacité.

Vous donneront systématiquement des « raccourcis » si cela vous permet de gagner du temps. Il nous est arrivé de commettre des erreurs pour des raisons variées comme l'entrée dans une zone contrôlée radar avec retard dans l'établissement de la communication. Jamais ils ne se sont permis de moraliser pendant le vol. Il faut cependant s'expliquer après l'atterrissage, ce qui est normal.

1991 Royaume-Uni
Vols IFR seulement. Merveilleux. Efficacité parfaite. Le contrôle n'avait qu'une préoccupation, nous « expédier » le plus vite possible vers notre destination. Une verticale Londres ne leur pose aucun état d'âme.

1996 et 2002 Allemagne
Professionnels. Assistance rigoureuse, sans failles.

2000 Australie
Ce pays est un cas particulier car seule la côte est couverte, et encore. Nous n'avons pas eu de problèmes particuliers. La traversée de quelques zones militaires s'est effectuée sous un contrôle très bienveillant.

1995-2001 Italie
Contrôle civil efficace, contrôleurs militaires rigides.

2001 Égypte/Jordanie. Les contrôleurs ont été formés par la DGAC.

Épouvantable. Le contrôle « en route » est à peu près correct, bien que d'une rigidité toute militaire, l'assistance tour de contrôle totalement rebutante. Les contrôleurs sont formés pour l'IFR et ignorent tout des contraintes VFR et de l'aviation générale. Le bakchich est monnaie courante.

2002 Europe de l'Est
Très bonne assistance en vol en général. Procédures internationales habituelles.

France
Variable, comme la météo. En général, cela se passe bien et l'organisation s'améliore ces dernières années où mon expérience est plus large.

Le comportement des contrôleurs est très inégal d'une zone à l'autre, d'un aéroport à l'autre. De même entre civils et militaires.

Certains ont une tendance insupportable à vous faire la morale en l'air lorsque vous faites une erreur de leur point de vue, ce qui ne contribue pas à la sécurité lorsque la charge de travail est forte. D'autres ont une attitude plus « anglo-saxonne » et vous informeront simplement d'un changement récent qui vous a échappé par exemple.

J'ai souvent rencontré peu de coopération dans les zones de Montpellier, Cognac, Biarritz et au contraire un service parfait sur Marseille, Toulouse, Pau, Paris...

Je ne m'explique pas ces différences qui perdurent depuis longtemps dans des zones que je pratique régulièrement. Il s'agit parfois d'ouverture de parapluie administratif, mais j'ai la nette impression que nous dérangeons parfois, alors qu'il n'y a que très peu d'avions d'aviation générale dans le secteur.

Le service anglais est le meilleur. C'est aussi le seul pays européen à avoir pris le problème à bras-le-corps en privatisant le contrôle aérien, devenu pour partie propriété des compagnies aériennes.

Une politique de rémunération très favorable

Le ministère des Transports dont dépend le transport aérien dispose de 96 000 fonctionnaires, soit 6 % de la fonction publique. La DGAC regroupe 11 % de cet ensemble. En 2000, il y avait 10 778 personnes dans les effectifs de la DGAC dont 6 934, soit 64 %, relevaient des trois corps qui assurent la mission de contrôle aérien.

Le budget annexe de l'aviation civile (BAAC) avait augmenté de 2,8 % en 2001 et devrait encore augmenter de 3,8 % en 2002. Le total des dépenses s'élève en 2002 à 1 417,7 millions d'euro par rapport à 1 365,8 millions d'euro en 2001. Il est principalement alimenté par la rémunération des prestations et services rendus aux compagnies (redevance de route, redevance pour les services terminaux de la circulation aérienne) et par une taxe (taxe de l'aviation civile).

La Cour des comptes estime qu'« il n'existe pas de périmètre clairement identifié de la fonction de contrôle de la navigation aérienne ». Le BAAC comprend à la fois les prestations des services de contrôle et les missions régaliennes de la DGAC. La Cour a toujours critiqué cette confusion dans le BAAC. Le BAAC est pour moitié un budget de rémunération. **En 2002 les charges de personnel s'élèvent à 52,5 % du budget de la DGAC. Selon le tableau ci-dessous les charges du personnel ont augmenté en sept ans de près de 50 %.**

Les charges de personnel

Année	1995	1996	1997	1998	Évolution 2002/1995
Millions de francs	3 311,6	3 632,5	3 766	3 990,6	+ 49,35 %
Millions d'euro	504,9	553,8	574	608,4	
Année	1999	2000	2001	2002	
Millions de francs	4 198,8	4 361,1	4 559,9	4 946	
Millions d'euro	640,1	664,8	695,2	754	

La hausse des charges salariales s'explique largement par la négociation périodique de protocoles sociaux triennaux qui donne lieu à des tensions auxquelles les gouvernements successifs se sont toujours montrés très soucieux d'apporter une réponse non conflictuelle.

Une part significative de la progression de la masse salariale de la DGAC résulte de la revalorisation des rémunérations individuelles. Le rapport général fait, au nom de la commission des Finances du Sénat, par le sénateur Philippe Marini montre que cette revalorisation résulte surtout de la très forte augmentation des rémunérations accessoires (primes et indemnités). « Ce phénomène ne peut manquer d'inquiéter. Alors que se profilent pour les années à venir de nombreux départs en retraite, la composition du régime indemnitaire des agents entraîne une déconnexion de plus en plus nette entre leurs revenus d'activité et leurs revenus de remplacement calculés sur une assiette plus réduite et moins dynamique. Ce phénomène entretient des revendications sociales qui n'ont été que partiellement satisfaites dans le passé au moyen de "demi-mesures". Un risque important en résulte, avec la perspective d'une nette augmentation des crédits pour pensions. » Le rapporteur spécial constate que les conditions dans lesquelles est gérée la masse salariale du BAAC débouchent sur « des évolutions peu raisonnables au regard des contraintes financières du moment qui s'imposent tant à la fonction publique qu'aux salariés des entreprises du transport aérien ».

Le poids des primes est effectivement très important, notamment pour les personnels techniques qui jouissaient d'un **taux de prime de 73 %** par rapport au traitement en 1999, ce qui ne trouve guère d'équivalent dans la fonction publique. Ces primes sont marquées par de **nombreuses irrégularités** : indexation illégale des principales primes sur le taux de l'inflation, rétroactivité, absence de modulation selon la manière de servir. « Dans le cadre du protocole de 1994, un "avantage complémentaire de fin de carrière" a été institué sous la forme d'une NBI [nouvelle bonification indiciaire] spécifique, destinée à améliorer la pension des personnels techniques. Mais en fait, les agents en bénéficient dès l'âge de 35 ans. Cet avantage de fin de carrière a été détourné et transformé en réalité en avantage de rémunération supplémentaire accordé aux personnels techniques. » Apparemment, dans le contrôle aérien français, 35 ans marque le début de la fin de la vie « active » ! Les syndicats n'ont plus peur de rien. D'après la Cour des comptes elle-même, la politique des rémunérations menée par la DGAC depuis douze ans « a conduit à une très forte dérive des charges de personnel avec une augmentation substantielle de la dépense unitaire par agent » (augmentation de 37 000 euro par emploi en douze ans). La Cour rappelle que « les agents de la DGAC sont fonctionnaires, ce qui impose un minimum de cohérence par rapport à la situation des autres corps de la fonction publique, et accomplissent un temps de travail plus faible ».

Le principe des mutations est un droit chez les contrôleurs de la DGAC. La mutation d'un agent d'un centre à un autre implique une période de requalification qui coûte à la DGAC entre 500 000 et 1 million de francs.
Il y a environ 200 agents par an en cours de requalification, soit un coût d'environ 100 à 200 millions de francs !

Des fonctionnaires bénéficiaires d'un statut spécial

Les agents de la DGAC sont fonctionnaires. Mais les ICNA, les IEEAC et les IESSA bénéficient d'un **statut spécial** qui prévoit des dérogations particulières au statut de la fonction publique. En 1964, le gouvernement a interdit le droit de grève et accordé des avantages de rémunération pour les corps de la navigation aérienne. Mais en 1984, il est revenu sur l'interdiction du droit de grève pour organiser un « **service minimum** » qui n'empêche nullement que le ciel soit paralysé en cas de conflit social. Une loi du 31 décembre 1989 précise les avantages dont jouissent ces agents : « classement hors catégorie pour leurs indices de traitement, limite d'âge fixée à 57 ans, octroi d'une majoration de la pension servie égale au cinquième du service effectif dans la limite de cinq ans ou "bonification du cinquième" », « allocation temporaire complémentaire » servie pendant huit ans aux retraités pour améliorer leur revenu de remplacement.

Les relations sociales du personnel de contrôle de la navigation aérienne, la politique des effectifs, la politique des rémunérations sont le résultat des protocoles triennaux négociés par les syndicats. La Cour des comptes, dans son rapport, considère que « les protocoles triennaux sont les outils d'un dialogue social déséquilibré aux conséquences financières très lourdes ». « Les quatre protocoles suivants, de 1991, 1994, 1997 et 2000, ont constitué une accumulation de mesures tout à fait impressionnante sans équivalent dans la fonction publique : refonte constante des statuts, création de nombreux emplois budgétaires, progression substantielle des rémunérations principales et accessoires, auxquelles ne répondent guère de contreparties en termes d'organisation du travail. De surcroît, ces mesures, ciblées au départ sur les corps spécifiques du contrôle aérien, ont généré un effet de contagion sur les autres corps de la DGAC... Aucune évaluation d'impact, aucun bilan global de ces accords n'est produit... **la DGAC se dit attachée à la fonction publique, elle semble l'être beaucoup moins aux règles et principes qui régissent cette dernière.** » Verbatim sans concession de la Cour des comptes.

La politique de recrutement dictée par les syndicats

Le recrutement à la DGAC n'est pas le résultat d'une politique organisée mais la création du protocole triennal. La Cour a ainsi relevé qu'« en premier lieu, la détermination des effectifs se déduit largement de la négociation sociale, les chiffres des recrutements prévus étant souvent proches des demandes syndicales. Les flux de recrutement peuvent aussi répondre à des objectifs catégoriels beaucoup plus qu'à la progression de l'activité : c'est ainsi que les créations d'emplois du protocole de 1997 ont largement servi à mettre en œuvre **une réduction du temps de travail à 32 heures dans certains organismes de contrôle** ».

Ces dernières années, il y a eu une forte progression des emplois surtout pour les personnels des corps techniques, 14,4 % pour la période 1994-2000 (7 962 contre 6 960).

Le temps de travail le plus faible de l'Europe

Combien de temps travaille un contrôleur aérien de la DGAC ? La présence hebdomadaire est de 32 heures avec des possibilités de modulation jusqu'à 36 heures. Ce temps est organisé sous forme de « vacations » au nombre de 155 par an, ne pouvant excéder 11 heures sauf la nuit et comportant 25 % de temps de repos. Donc le temps effectif de contrôle est limité à 24 heures par semaine. Dans son rapport 2002, la Cour des comptes estime que « la situation française est singulière au plan européen. S'agissant du temps de travail, la durée de temps de présence et de tenue effective de poste de contrôle figure parmi les plus faibles en Europe [...]. Ce système, qui a pour objet d'éviter aux personnels des déplacements fréquents entre leur domicile et leur lieu de travail, n'est pas en harmonie avec les impératifs de sécurité allégués pour justifier la durée du travail en vigueur et ne rend pas aisée l'adaptation des “tours de service” aux variations de trafic [...] **Le potentiel de contrôle n'est utilisé que pour moins de 20 heures**, les contraintes organisationnelles empêchant des ajustements plus fins des tours de service aux nécessités du trafic qui auraient permis d'augmenter l'utilisation des personnels et de limiter les flux de recrutements [...] **Les avancées salariales consenties depuis de nombreuses années aux contrôleurs aériens n'ont pas trouvé de contreparties dans les conditions de leur emploi.** »

Donc un régime de 32 heures hebdomadaires de travail qui se traduit en pratique par un temps réel de contrôle de moins 20 heures. Un vrai record européen. Les aiguilleurs du ciel français travaillent à mi-temps en étant payés à plein temps. Et on n'a pas compté les grèves. Dans le rapport annuel de la DGAC, on ne trouve pas le nombre de journées de grève. Mais les mouvements sociaux des contrôleurs sont assez fréquents (les derniers. le 6 décembre 2001, le 26 novembre 2002 et mai 2003), et les conséquences sont toujours les mêmes : des avions en partance immobilisés au sol ou détournés vers d'autres aéroports, des voyageurs qui attendent par centaines derrière les guichets d'embarquement.

Quel est le statut des contrôleurs aériens des autres pays européens ? Regardons le tableau ci-contre.

Tous les pays étudiés ont récemment séparé les activités de réglementation du transport aérien de celles de prestations de services de contrôle **sauf la France.**

Le contrôle aérien est assuré par une société de droit privé en Allemagne, en Italie et au Royaume-Uni. En Allemagne et en Italie, la société responsable du contrôle aérien est entièrement détenue par l'État. En revanche, au Royaume-Uni, l'État a cédé en 2001 51 % de ses participations.

Tous les contrôleurs sont des salariés de droit privé sauf les français qui restent **fonctionnaires**. Les contrôleurs français ont la **rémunération la plus élevée. La durée hebdomadaire du travail est la plus faible en France**, largement inférieure aux autres pays.

	Allemagne	**Italie**	**Espagne**	**Angleterre**	**France**
Le statut de l'entité chargée du contrôle aérien	Contrôle aérien assuré par DFS, société de droit privé dont les capitaux sont détenus par l'État fédéral	ENAV (Établissement national pour l'assistance aux vols), société par actions	AENA (direction de la navigation aérienne), « entité publique gestionnaire » : structure juridique comparable à celle d'un établissement public industriel et commercial en France	National Air Traffic Services (NATS) transformé en société le 1er avril 1996. En 2001, l'État a cédé 51 % de ses participations dans NATS : 46 % à un consortium de sept compagnies aériennes britanniques et 5 % au personnel	La DGAC, service public administratif **géré par l'État.**
Le statut des contrôleurs aériens	Les contrôleurs aériens sont salariés de droit privé de DFS	Contrats de droit privé	Salariés de droit privé	Salariés de droit privé	**Fonctionnaires**
La rémunération brute mensuelle	Débutant : 5 000 euro par mois Au bout d'une dizaine d'années : 8 000 euro. Les primes représentent 20 à 45 % de l'ensemble	3 000 euro (primes comprises) pour un débutant ; 5 000 après dix années et 6 800 après vingt années	Entre 4 000 et 5 000 euro pour un débutant (primes comprises) ; 7 000 pour un contrôleur expérimenté	De 4 800 euro à 8 000 euros, primes comprises	**De 6 000 à 9 000 euro** primes comprises. Les primes représentent **70 % de l'ensemble**

	Allemagne	**Italie**	**Espagne**	**Angleterre**	**France**
La durée du travail	Entre 33,5 et 36 heures, périodes de repos comprises. Travail effectif entre 27 et 36 heures	30 heures de travail effectif (opérationnel)	30 heures de travail effectif par semaine	39 heures de travail effectif	**Moins de 20 heures** par semaine
L'âge de la retraite	55 ans	55 ans	55 ans	L'âge normal de la retraite est de 60 ans, mais, à condition d'avoir 25 années de service, il est possible de prendre une retraite anticipée à l'âge de 57 ans	Ils ne peuvent exercer leurs fonctions au-delà de 57 ans
Nombre de contrôleurs	1 700	1 600	1 850	1 650	**4 113**

Dans leur tour d'ivoire

Peut-on espérer faire l'Europe, c'est-à-dire réaliser une certaine unification entre les régimes des divers pays ? Apparemment pas pour les contrôleurs du ciel.

Assis sur leurs privilèges, seuls à bénéficier du statut de fonctionnaires, proportionnellement deux fois et demie plus nombreux que leurs homologues étrangers, travaillant deux fois moins et bénéficiant du droit de grève, il faudrait un gouvernement fort pour espérer renverser près de trente ans de démissions des gouvernements successifs. On n'en prend pas le chemin.

Les usagers européens doivent donc se préparer à subir, dans les années qui viennent, des grèves à répétition ; ou, s'ils sont prudents, à organiser leurs parcours et leurs affaires en évitant de passer dans le ciel de France.

Histoire en guise de morale (si l'on peut dire)

La DGAC ayant décidé récemment d'interdire un rallye aérien sur un petit aérodrome de l'ouest de la France et ce à la dernière minute, le responsable du rallye a menacé de faire distribuer l'étude ci-dessus à plus de mille exemplaires. Il a finalement obtenu l'annulation de l'interdiction. Ce qui prouve que faire connaître la vérité paie.

Troisième partie

Les victimes parlent

250 millions d'euro gaspillés par la SNCF par suite des grèves du printemps 2003. Air France perd 35 millions chaque jour où ses avions sont immobilisés au sol par le contrôle aérien de la DGAC.

Nous savons par la grande presse ce que coûtent les grèves pour les grandes entreprises. Mais quid des petites ? Qui s'est préoccupé des milliers de commerçants et artisans qui ont déposé leur bilan à la suite des grèves de 1995 ? À écouter les médias, le public était favorable aux grévistes ; mais ce n'était certainement pas ce qu'entendaient ceux qui vivaient au centre de Paris et s'inquiétaient de l'avenir de tant de petits magasins désertés par les touristes et qui non seulement enjolivent Paris mais le font vivre.

Il est, de plus, très étonnant de constater qu'aucun organisme professionnel ne paraît avoir fait l'inventaire des sinistres provoqués par les arrêts de travail du service public. Arrêts de La Poste qui tient entre ses mains la vie ou la mort de toute entreprise travaillant par correspondance et, plus indirectement, celle de toute entreprise en situation financière difficile qui dépend de l'arrivée de ses chèques pour survivre. Arrêts de la SNCF dont dépend l'approvisionnement des usines. Ce sont même les entreprises de service bloquées dans leurs activités par l'absentéisme forcé de leur personnel (on pense tout simplement à tel salon de coiffure dont le personnel n'a pas hésité à se lever à 5 heures du matin pour arriver à 9 heures après quatre heures de marche et repartir de même le soir, mais n'a pas pu maintenir ces horaires épuisants au-delà de la semaine).

De toutes ces victimes – silencieuses – de la violence syndicale, nous ne savons rien ou presque rien puisque, parmi les centaines d'observatoires qu'a créés le gouvernement pour tout observer, y compris celui sur les termites, il a oublié d'y inscrire les victimes des grèves[1].

Serait-ce utile d'ailleurs est la question qu'il faut se poser et que nous aborderons dans la cinquième partie.

Mais en l'état actuel, nous ne pouvons que saluer le courage de ceux que l'on n'entend guère, et notamment dans les médias.

Par contre, d'autres victimes sont ignorées du grand public mais parfaitement repérables et c'est à elles que nous voudrions donner la parole – enfin –, en commençant par la création organisée du chômage par les syndicats, en continuant par l'exploitation de ces chômeurs au service d'intérêts syndicaux, pour décrire les méfaits qu'entraînent le fanatisme, l'idéologie ou l'incompréhension complète du monde moderne de ceux qui ont toujours vécu dans le cocon protecteur de l'administration.

---

1. L'iFRAP se propose pour combler ce vide de recevoir les déclarations de sinistre des victimes (tél. 0142332915 ; mail : contact@ifrap.org) non pas pour intenter des actions judiciaires (voir cinquième partie) mais pour faire pression sur nos parlementaires afin qu'ils instaurent une législation rendant les syndicats plus responsables.

Chapitre I

Les syndicats créent le chômage

Après avoir décrit la paralysie que provoquent les syndicats dans l'administration, il faut bien évoquer les désastres dont ils sont les auteurs, non pas leur action directe car ils ont presque entièrement disparu, mais indirectement, par les politiques absurdes qu'ils ont défendues pour lutter contre le chômage.

Celles-ci sont en très grande partie responsables des 3 millions de chômeurs[1] et de 4 millions d'emplois précaires, au total un bon quart de la population active[2], qui

---

1. Le chiffre officiel se situe autour de 2,7 millions mais il élimine tous ceux qui travaillent quelques heures par semaine, même lorsqu'ils voudraient travailler plus ; ils sont environ 400 000 dans cette situation.

2. Sur une population totale de 60 millions, environ 44,5 sont en âge de travailler et 26,7 en 2003, constituent ce qu'on appelle la population active, ceux qui ont marqué qu'ils veulent travailler, soit qu'ils soient employés, soit qu'ils soient à la recherche d'un emploi. Mais beaucoup de ceux qui sont dans la population en âge de travailler et le voudraient ne sont pas comptés dans la population active car ils sont sans espoir ou ont été écartés du marché du travail : étudiants, mise à la retraite après 55 ans. La France cumule un chômage très élevé avec un des taux d'activité (rapport de la population active à la population en âge de travailler) les plus mauvais du monde : 60 % alors qu'il est de 75 % en Grande-Bretagne ou aux États-Unis.

affligent la société française et qui font que, si on les ajoute à un autre quart employé dans la fonction publique, ceux qui fabriquent la valeur ajoutée et assument le paiement de la plus grande part des impôts et charges sociales sont concentrés sur seulement la moitié de la population active, soit environ 13 millions.

En effet, la politique des syndicats n'a pas été de pousser à créer des emplois mais de freiner la disparition des emplois existants, comme si ce freinage était possible[1].

Le seul régime qui ait réussi à planifier l'emploi a été l'URSS... avec le succès que l'on sait.

Sinon, l'histoire humaine est faite d'entreprises, voire d'industries, qui disparaissent alors que d'autres apparaissent. Cette évolution par destruction créative (Schumpeter) trouve son origine dans les progrès de la productivité qui font qu'aujourd'hui des produits ou des services inaccessibles hier du fait de leur coût sont maintenant à la portée du grand public.

C'est ainsi que jusqu'à la dernière guerre, le moyen le plus répandu de faire du feu était l'allumette suédoise, dite de sécurité car elle n'était pas susceptible de s'enflammer spontanément.

Mais l'allumette a aujourd'hui presque disparu, remplacée d'abord par le briquet à gaz, type briquet Dupont, puis, les coûts se réduisant, par le briquet jetable, enfin, sur toutes les cuisinières à gaz, par l'allumage piézoélectrique. Ce phénomène de substitution progressive et d'élimination se produit dans tous les secteurs, de l'automobile à la machine à laver, à l'ordinateur, aux semiconducteurs, etc.

Mais la conséquence en est qu'environ 12 % des entreprises existantes auront disparu dans un an et que,

1. Et au contraire, d'institutionnaliser l'emploi « chômeur » en affirmant qu'il s'agit d'une nouvelle condition sociale, qui justifie son salaire et même ses primes de Noël.

si nous ne voulons pas que le chômage augmente, il faut au moins créer 12 % d'entreprises nouvelles pour pouvoir embaucher au moins les 12 % de salariés mis sur le pavé. Et ce 12 % est à peu près immuable, il se retrouve, à 1 ou 2 % près au maximum, dans tous les pays et dans tous les temps, au moins depuis la révolution industrielle et le début du XXe siècle.

La seule politique réaliste de l'emploi consiste donc non pas à se jeter contre un mur en voulant interdire les réductions ou disparitions d'emplois mais à favoriser la création d'entreprises nouvelles et à mettre en place les moyens de formation permettant au personnel licencié de se recaser dans de nouveaux métiers.

Ce n'est pas la politique suivie par les syndicats qui ont, au contraire, multiplié les obstacles aux licenciements. Indigence intellectuelle, incompréhension des mécanismes fondamentaux de l'économie, influence de l'éducation marxiste qui a imprégné notre société, et surtout illusion sur la puissance de l'État en matière économique : elle leur fait croire que l'État peut commander l'emploi alors qu'il est seulement capable d'influer sur le terreau sur laquelle prospère ou meurt cette plante délicate qui s'appelle l'entreprise.

Mais le résultat est que les chefs d'entreprise n'embauchent plus ou au minimum. Ils savent parfaitement que la vie économique est faite de périodes de boom, suivies de dépressions plus ou moins prolongées et que, s'ils veulent survivre à la prochaine récession, il leur faut absolument éviter d'avoir du personnel en excès dont ils auront toutes les peines du monde à se débarrasser. Ils sont unanimes à affirmer que si demain ils pouvaient licencier librement, ils embaucheraient aujourd'hui beaucoup plus de personnel.

Une étude récente de l'OCDE donne d'ailleurs une idée de l'ampleur du phénomène en montrant qu'aux États-Unis – où le licenciement est libre, souvent même sans préavis – les entreprises qui se créent accroissent leurs emplois de 160 % dans les premières années de leur création, alors que cette croissance est seulement de 20 % en Italie où le droit de licenciement était, jusqu'aux récentes lois introduites par Berlusconi, aussi restrictif qu'en France ; et il est même nul dans les entreprises françaises du secteur manufacturier[1].

Les syndicats – et les gouvernements qui les ont écoutés (qui ne sont pas seulement les socialistes puisque les premières lois limitant le droit de licenciement, avec l'article 122-14-3 et suivants du Code du travail, datent de 1973, il est vrai du temps de Delors) – ont mené une politique demandant à des coureurs de fond, les entrepreneurs, de continuellement inspirer mais sans avoir jamais le droit d'expirer.

Il faut dire que leur modèle était celui de la fonction publique où la crise économique, on ne connaît pas, et où, depuis toujours, il y a un accroissement d'effectifs, jamais de réduction... jusqu'à ce que la barque chavire, ce qui est le cas actuellement.

À aucun moment les syndicats ne semblent s'être demandé quelles conséquences cette politique aveugle avait sur l'emploi, qui devrait être leur première préoccupation (ou se seraient-ils dévoués à défendre les positions catégorielles de ceux encore employés, en laissant à leur triste sort les misérables tombés dans la fosse du chômage ?). Pourtant ils auraient pu émettre des propositions constructives.

Dans une enquête statistique menée il y a cinq ans, l'iFRAP était parvenu à contacter quelques centaines d'entreprises venant de déposer leur bilan, et les réponses montraient qu'environ un tiers d'entre elles avaient été

1. OCDE, Economics Department, *Comparative Analysis of Firm Demographics and Survival*, Working Paper n° 348, 16 janvier 2003.

poussées à le faire en raison des indemnités de licenciement à payer au personnel.

De par le jeu de la loi ou des conventions collectives, les indemnités de licenciement représentent, en effet, de l'ordre de trois à six mois de salaire. Il n'est pas question ici de les contester. Le choc d'un licenciement est tel que c'est la compensation minimale pour le salarié renvoyé. Mais la question est : qui doit payer ?

À l'heure actuelle, c'est l'entreprise, et si la conjoncture est telle qu'elle doit renvoyer mettons un quart de son personnel pour faire face à la chute de commandes, c'est plus d'un mois de salaire qu'elle doit sortir de sa trésorerie. Dans la situation bilantielle des entreprises françaises et surtout de celles qui sont en réduction d'activité, c'est assez pour que les ratios de trésorerie que surveillent les banques passent au rouge et que celles-ci – quand ce n'est pas le Trésor public ou la Sécurité sociale – retirent leurs lignes de crédit et obligent au dépôt de bilan.

Nous touchons là à cette caractéristique bien française : plus de 90 % des dépôts de bilan se transforment en liquidation contre seulement 30 à 40 % dans la plupart des pays étrangers. Résultat, conséquence du paiement de ces indemnités : d'après les calculs de l'iFRAP, environ 58 000 emplois supplémentaires sont détruits chaque année.

Alors qu'il eût été logique que les syndicats, qui veulent tellement que l'État intervienne, demandent que celui-ci crée une caisse de coopération alimentée par les entreprises en croissance et qui paierait la moitié ou les deux tiers des indemnités à venir pour les entreprises au moment des licenciements – une caisse alimentée par les entreprises en pleine vigueur pour les aider lorsqu'elles deviennent plus faibles. Mais l'emploi des salariés n'est pas la préoccupation des syndicats.

Nous nous demandons encore pourquoi ces syndicats refusent de permettre l'ouverture des magasins le dimanche, au point de bloquer par la force l'ouverture des magasins Virgin. Cela arrangerait tout le monde : les salariés souvent mieux payés le dimanche, les clients dont c'est le jour le plus commode pour faire du shopping, bien sûr les magasins eux-mêmes dont le chiffre d'affaires serait accru de plus de 20 %. Au total, certains estiment à plus de 300 000 les emplois qui pourraient être ainsi créés.

La fermeture des magasins le dimanche n'était pas une spécialité française. Beaucoup d'autres pays où les syndicats étaient et restent très puissants la pratiquaient, comme l'Australie ou l'Allemagne.

Mais le réalisme l'emportant sur l'idéologie, cette barrière est tombée. Sauf en France qui reste l'un des seuls pays à pratiquer ces restrictions malthusiennes dont personne ne profite… même pas les chefs syndicalistes, mais ils n'osent pas affronter leurs éléments les plus radicaux.

Chapitre II

Syndicats et chômeurs : l'illusion d'un combat commun

Il y a sept ans, c'est-à-dire le 23 et le 24 septembre 1996, l'institut de sondage CSA réalise pour le compte de la Confédération générale des travailleurs CGT un sondage pour connaître le jugement des Français et leurs attentes à l'égard du syndicalisme en général et de la CGT en particulier[1]. Les résultats sont significatifs.

D'abord, si 57 % des personnes interrogées font confiance à la hiérarchie de leur entreprise, 49 % estiment que la nature même de l'entreprise justifie l'existence du syndicalisme, 41 % sont convaincues que leurs intérêts sont liés à ceux de l'entreprise. Cependant, si une majorité de salariés (51 %) veulent plus de syndicalisme[2], seulement 44 % lui font confiance pour défendre leurs intérêts. Ces derniers sont essentiellement la défense de l'emploi et la protection des chômeurs : la défense de l'emploi vient en tête avec 57 % et la protection des chômeurs arrive en seconde place avec 41 %.

1. Ce sondage est réalisé auprès d'un échantillon de 1 000 personnes âgées de 18 ans et plus.

2. Ce sont surtout des salariés du secteur public et des militants de gauche.

La défense de l'emploi et la protection des chômeurs restent à ce jour au hit-parade des soucis des salariés français. Et il y a de quoi. Ce sont eux qui vivent les bouleversements du marché de l'emploi. La montée du chômage de masse et la précarisation de millions d'entre eux en sont les conséquences. Et l'échec dans ces deux domaines est ce qui met à mal les syndicats et les discrédite.

L'évolution du salariat : des droits acquis aux compétences à acquérir

Si en vingt ans, le salariat occupé connaît un développement accru[1], le nombre de chômeurs a plus que quadruplé[2]. En effet, les entreprises se dispersent, l'industrie manufacturière recule et toute une série de métiers régressent[3] alors que d'autres métiers se développent[4]. Les ingénieurs, les cadres et les agents de maîtrise deviennent le groupe le plus important[5]. Ils sont suivis des ouvriers qualifiés et des employés[6]. En revanche, le nombre des ouvriers non qualifiés ne cesse de chuter[7].

Il faut aussi constater que les professions libérales, les métiers de la santé, les prestations aux entreprises[8] et les

1. 22 540 000 selon l'INSEE, 2002.
2. 3,3 millions de chômeurs selon l'ANPE.
3. Fraiseurs, tourneurs, ajusteurs...
4. Agents de sécurité, conducteurs et surveillants d'équipements automatisés...
5. Ils représentent plus de 36 % en 2002 selon l'INSEE.
6. Les premiers sont de l'ordre de 32 % et les seconds sont de 30 % selon les mêmes sources.
7. Ils sont moins de 9,5 % en dix ans selon l'INSEE.
8. Ce sont des cabinets d'audit, de comptabilité, de conseils, d'expertises, de recrutement.

services aux consommateurs se développent et chamboulent la structure de l'emploi.

Par ailleurs, l'essor de la technologie continue à renforcer les performances de la productivité dans tous les secteurs et crée une interaction et même une sorte de symbiose entre le travail manuel et intellectuel[1], ou entre le productif et l'improductif selon le jargon syndical. Dans ce nouveau monde du travail, tous les tabous sont tombés avec l'émergence d'une culture nouvelle fondée sur la compétition et les compétences. Il n'y a plus de lutte entre productifs et improductifs mais chaque salarié s'efforce de mettre ses compétences au profit de son entreprise.

Malheureusement, beaucoup de salariés n'arrivent pas à s'adapter et restent en marge de la société et de son évolution. Celle-ci laisse des millions de personnes, toujours les mêmes, sans qualifications ni expérience, sur le pavé.

Le chômage de masse et la précarité font bon ménage

Aujourd'hui, plus de 3 millions de chômeurs sont inscrits à l'ANPE, auxquels s'ajoutent les chômeurs qui ne sont pas inscrits, les millions d'allocataires des minima sociaux, les dispensés de recherche d'emploi et les chômeurs des Dom qui ne sont pas comptabilisés. Bien entendu, il ne faut pas oublier les stagiaires des formations parking et les travailleurs pauvres… Il faut compter près de 4 millions de personnes qui sont actuellement en précarité économique et sociale. Voilà un terrain de lutte légitime pour tous ceux qui ont la passion

1. Conception, recherche, production et contrôle.

de la solidarité et du militantisme. Face à cette misère, que font les syndicats ?

Il faut dire que combattre le chômage de masse et la précarité suppose une réelle stratégie alternative. Comme plusieurs de nos syndicats sont avant tout des succursales des partis politiques, ils restent prisonniers des idéologies de leurs leaders ou de leurs responsables. D'ailleurs, c'est bien ressenti par 51 % des Français qui estiment que la politisation reste un frein pour leur adhésion à un syndicat.

Mais il n'y a pas que cela ; il y a actuellement dans les grandes centrales une incapacité réelle à prendre en compte les vrais problèmes des salariés, notamment ceux du secteur privé. Avons-nous un jour entendu les syndicats, toutes tendances confondues, sortir défendre les intérimaires, les victimes des contrats en alternance ou revendiquer un travail pour tous ? Pourtant, ils sont dans la rue pour défendre les droits acquis et les privilèges de cette minorité de fonctionnaires bien stables à vie.

Car c'est plus facile de défendre les agents de la SNCF et de la RATP qui ont les moyens de paralyser tout le pays que de défendre des intérimaires, pourtant de plus en nombreux mais qui ne constituent pas une menace pour les pouvoirs publics.

Si la CGT semble ferme sur les statuts et les garanties collectives qui en découlent, elle reste incapable d'avancer sur le terrain des nouvelles formes d'emploi (secteur privé, CDD). Cramponnés aux seules luttes des classes, ses responsables n'arrivent pas à s'adapter aux vrais problèmes vécus par le monde du travail.

De son côté, la Confédération française démocratique du travail (CFDT) trouve les statuts précaires et les CDD incontournables, si bien qu'elle ne fait pas de la lutte contre la précarité son cheval de bataille. Bien au contraire, elle soutient naturellement l'emploi multiforme. Ses militants préfèrent lutter contre les exclusions dans le cadre associatif à travers les dispositifs d'insertion et les associations intermédiaires.

Enfin, pour Force ouvrière (FO), spécialiste de la défense du régime de la protection sociale, les chômeurs restent seulement des salariés qui ont perdu leur emploi, elle est moins réceptive à leurs revendications.

Les premières associations de chômeurs

La première tentative de solidarité avec des chômeurs est apparue entre 1975 et 1980, années pendant lesquelles la CGT a tenté d'organiser les chômeurs en créant des comités de chômeurs CGT. Cependant, le parti communiste s'en mêle et décide de les organiser lui-même en créant l'APEIS[1] en liaison avec les mairies communistes. Les comités de chômeurs CGT sont donc mis en veilleuse pendant dix ans (de 1980 à 1990) ; depuis, la CGT réorganise les chômeurs en concurrence avec l'APEIS.

Les associations caritatives ou de solidarité n'ont pas attendu les syndicats pour s'occuper des chômeurs. Bien au contraire, elles interviennent en faveur des chômeurs plus que les syndicats. Et elles sont nombreuses dans ce cas[2].

Cependant, ni les aides de ces associations caritatives, ni les emplois aidés fictifs, encore moins le RMI ne règlent les problèmes des chômeurs. Leur situation sociale et économique se dégrade de plus en plus. C'est d'ailleurs dans ce triste décor que le mouvement des chômeurs émerge en décembre 1997.

Le 11 décembre 1997, les chômeurs CGT de Marseille occupent les locaux des ASSEDIC. Tout un symbole. Ces

---

1. Association pour la promotion de l'emploi et l'insertion sociale
2. Nous citons à titre d'exemple le Secours populaire, le Secours catholique, les Restos du cœur, le réseau Partage, ATD Quart-Monde…

chômeurs cégétistes réclament une « prime de fin d'année » de 3 000 francs. Le 15 décembre 1997, les militants d'Agir contre le Chômage (AC !), association de chômeurs[1], occupent l'antenne ASSEDIC d'Arras. En même temps, du 15 au 22 décembre 1997, une semaine d'action sur le thème de l'urgence sociale est lancée par les mêmes associations de chômeurs. L'occupation d'une trentaine de locaux des ASSEDIC pousse certains à fermer par mesure de sécurité. La pression s'exerce sur d'autres lieux, tels la pyramide du Louvre, la CNAF, le ministère de l'Emploi, des immeubles vides appartenant au GAN et au Crédit lyonnais, les gares, les centres sociaux, des permanences politiques...

Les revendications des associations de chômeurs deviennent plus précises. On réclame le relèvement de 1 500 francs des minima sociaux, l'accès des moins de 25 ans au RMI, la suppression du système d'Allocation unique dégressive (AUD) et son remplacement par une allocation unique attribuée à tous les chômeurs pour une durée indéterminée et la remise à plat du système de solidarité. Cerise sur le gâteau, les associations de chômeurs demandent à être associées à la gestion de l'UNEDIC car on estime que l'action de sa présidente, Nicole Notat (CFDT), ne répond pas à leur aspiration.

Ces revendications sont celles du parti communiste et de la CGT qui refusent ouvertement la politique de solidarité et d'insertion imposée par les socialistes au pouvoir[2]. Et ceux-ci le savent.

Le ministre des Transports, Jean Claude Gayssot, reçoit des chômeurs de la région parisienne et leur fait un cadeau en leur accordant une réduction de 50 % sur la

1. Une association loi 1901 créée par un groupe de communistes et de trotskistes.

2. Le PCF conteste les emplois aidés, tels les CES, les emplois jeunes d'Aubry, et les formations parking.

carte orange. La CFDT s'offusque et qualifie cette rencontre de « partisane entre camarades de lutte ».

Si, au début, la CGT s'est montrée très discrète sur son implication dans le mouvement en laissant la responsabilité à ses comités de chômeurs, notamment à AC !, elle est par contre en tête dans les manifestations.

La politique des socialistes

Du côté des socialistes au pouvoir, la situation est plus délicate. Au départ, Martine Aubry, alors ministre de l'Emploi et de la Solidarité, dénonce l'illégalité des occupations des ASSEDIC par les associations de chômeurs. Toutefois, sous la pression des manifestations, elle capitule et lâche du lest en annonçant la « prise en charge des situations de détresse » par le gouvernement. Cette décision se traduit dans les faits par la revalorisation de l'allocation spécifique de solidarité (ASS) avec effet rétroactif. Ainsi, la veille de Noël, une circulaire est vite adressée aux préfets afin de créer des « cellules d'urgence » pour rassembler les dossiers des chômeurs les plus en précarité, notamment ceux en fin de droits. La même circulaire exige des préfets de rechercher tous les financements possibles pour les aider. Il faut compter sur la participation des caisses de Sécurité sociale, des conseils généraux et, bien entendu, du fonds de l'assurance chômage de l'UNEDIC.

À cet effet, 40 000 dossiers de demandes sont collectés au niveau des départements et l'UNEDIC ne peut avancer que 12 millions de francs. Une mince enveloppe. Martine Aubry remonte au créneau et annonce, le 3 janvier 1998[1], le déblocage par son gouvernement de

1. À l'occasion d'une conférence de presse consacrée à « l'exclusion ».

500 millions de francs au profit de l'UNEDIC et ce, pour le compte des bénéficiaires de l'allocation formation reclassement (AFR) [1]. Cette décision ne plaît pas du tout aux associations de chômeurs qui estiment que « la ministre n'a pas compris que ce qui est demandé, c'est une prime d'urgence et du boulot ».

Certains communistes, farouchement opposés à l'insertion à la mode socialiste, estiment que Martine Aubry n'arrive pas à surmonter son mépris « des revendications des associations de chômeurs qui ne veulent plus du bricolage ».

Cette incompréhension de Martine Aubry pousse les associations de chômeurs à continuer leurs actions. Ainsi, le 6 janvier 1998, les ASSEDIC restent occupées. La CGT et AC ! prévoient une « journée nationale d'action pour le 7 janvier, jour du conseil d'administration de l'UNEDIC ». Ce jour-là, quelque 4 000 manifestants se rendent devant le siège de cet organisme à Paris.

Cependant, la manifestation n'a pu drainer que 25 000 personnes au maximum au niveau national avec les militants cégétistes, les communistes, les Verts, les trotskistes, les anarchistes et tous ceux de gauche qui se reconnaissent dans les revendications des associations de chômeurs concernées. Les associations proches du parti socialiste ont brillé par leur absence.

Le soutien des communistes et des Verts au mouvement des chômeurs est exprimé même au sein du gouvernement Jospin à travers ses ministres de la Jeunesse et des Sports, Marie-George Buffet, et de l'Aménagement du territoire et de l'Environnement, Dominique Voynet.

Cela étant, il faut noter que ces revendications du mouvement des chômeurs sont marquées par les tensions intersyndicales. En effet, comme nous l'explique ce

---

1. Il faut noter que cette enveloppe qui a été bloquée par Alain Juppé et restituée à l'UNEDIC est déjà dépensée par anticipation.

militant de Force ouvrière en Seine-Saint-Denis : « À Force ouvrière, nous restons à l'écart de ce mouvement monté de toutes pièces par le PCF et la CGT. Il ne représente que les chômeurs affiliés à leur idéologie. Mais aussi, il cache des visées syndicales. La CGT et la CFDT sont en opposition sur le rôle de l'UNEDIC dans la gestion des problèmes sociaux. Par ailleurs, les relations entre les centrales de FO et de la CFDT sont très conflictuelles avec les associations qui encadrent les mouvements de chômeurs et qui veulent être représentées dans les instances de consultation et d'organisation. Vous imaginez, Nicole Notat se retrouvant en train de négocier avec ses propres opposants internes à la CFDT et très souvent virés par elle ! Il ne faut pas négliger l'autre partenaire au sein de l'UNEDIC, le MEDEF, qui soutient le système actuel de partenariat géré par l'UNEDIC et ne reconnaît que les syndicats comme interlocuteurs. »

Ce sont ces tensions qui poussent le gouvernement Jospin à trancher. Mais pas n'importe comment. Il doit respecter son programme et il le fait bien, selon un responsable de la CFDT, affilié PS : « Le gouvernement Jospin s'est tenu à la création du fonds d'urgence doté de un milliard de francs provenant des économies des différents ministères et d'un autre milliard de francs provenant des caisses des conseils généraux, des CAF, des ASSEDIC. Les cellules d'urgence créées à la va-vite auprès des préfets sont transformées en missions qui assurent l'attribution de ces crédits sous le contrôle de l'IGAS. Cette dernière se charge en même temps d'étudier les articulations et la cohérence entre le système d'aide sociale et l'indemnisation du chômage. Par ailleurs, les associations de chômeurs trouvent place dans des "comités d'usagers" qui se créent auprès des ASSEDIC et de l'AFPA[1]. Lionel Jospin s'est engagé à

1. Agence pour la formation professionnelle des adultes.

revaloriser certains minima sociaux et à les aligner sur l'indice des prix en fonction de l'évolution du coût de la vie et à rattraper par la même occasion le retard des gouvernements précédents en la matière. Cela coûte entre 600 et 900 millions de francs à l'État. » « Mais ne perdons pas de vue que le retour à l'emploi des chômeurs de longue durée reste notre souci. C'est pour cela que les contrats emploi solidarité (CES) et le cumul entre des minima sociaux et un faible salaire sont autorisés durant un certain temps afin de permettre aux personnes éloignées de l'emploi de s'y mettre en douceur conformément à la loi contre les exclusions. »

Il faut reconnaître que les socialistes au pouvoir n'en font, en réalité, qu'à leur tête, faisant fi des autres partis de la majorité. Désormais, c'est le programme Aubry-Jospin qui s'applique sans concession aucune.

Le résultat est là ! L'ASS est augmentée de 8 % en 1998 pour un montant de un milliard de francs financé par l'État ; l'allocation d'insertion (AI) connaît à son tour une hausse de 29 % et les allocataires de l'allocation de solidarité d'attente (ASA[1]) se voient allouer un revenu minimum de 5 000 francs.

En revanche, il refuse la hausse du RMI pour éviter les trappes à inactivité et la création d'un RMI pour les jeunes, réclamé surtout par les Verts. Pour les jeunes, il promet un dispositif d'insertion, le fameux TRACE[2] déjà prévu dans son programme.

Mais selon un responsable du ministère de l'Emploi très au fait des actions du mouvement des chômeurs, « le coup de maître de Jospin et de Martine Aubry reste

---

1. L'ASA est le dernier minima social créé par Jospin au printemps 1998 au profit des chômeurs de plus de 55 ans en fin de droits, s'ils ont cotisé à l'UNEDIC au moins pendant quarante ans.

2. Trajet d'accès à l'emploi créé en 1998 et géré par les missions locales.

l'idée des 35 heures qui a surtout rassemblé tous les partis de gauche et la CGT au détriment des revendications du mouvement des chômeurs ».

Notre interlocuteur, spécialiste des 35 heures, explique : « C'est clair, la méthode est cynique mais efficace. Jospin insiste auprès de tous sur le fait que la meilleure "sortie de crise" pour les chômeurs est la création de nombreux emplois dans le secteur marchand, c'est-à-dire les entreprises, et que la seule solution reste la loi sur la réduction du temps de travail. La CGT et le PCF appuient fortement cette orientation et Jospin compte sur eux pour élargir le nombre de partisans de cette loi. En même temps, le patronat devient la cible[1] et le bouc émissaire de la situation des chômeurs. Ainsi, les mouvements de chômeurs, pris au piège, se rallient sans broncher aux manifestations pour les 35 heures avec le gouvernement. »

Pourtant les réactions des autres syndicats ne se font pas attendre. Force ouvrière, à travers son président, dénonce cette « manœuvre d'"encerclement" du débat sur le chômage ». Marc Blondel souligne ironiquement : « Les 35 heures n'étaient pas la revendication principale que j'avais perçue dans le mouvement des chômeurs ; c'est clair, les associations qui représentent ces mouvements vont bien entendu se rallier à la cause des 35 heures par convergence d'intérêt entre actifs et chômeurs[2]. »

Même certains militants des associations de chômeurs, exacerbés par la faible mobilisation des troupes, reprochent à l'action de la CGT « d'avoir noyé leurs revendications ».

Les associations de chômeurs, déçues par les décisions du gouvernement Jospin, continuent à réclamer la

1. Des manifestations ont eu lieu devant le siège du MEDEF.
2. Déclaration faite le 27 janvier 1998, jour où commence l'examen de la loi à l'Assemblée nationale.

renégociation de la convention de l'UNEDIC et l'augmentation générale de tous les minima sociaux à ce jour. Mais les millions de chômeurs dispersés dans la nature y sont-ils sensibles ?

Des associations de chômeurs qui tournent pour elles-mêmes

Au début de ses actions, le mouvement des chômeurs a acquis une grande sympathie auprès de l'opinion publique toutes catégories sociales confondues[1]. La crainte du chômage compte pour beaucoup dans ce soutien naturel au mouvement. La reconnaissance de ces associations et surtout de leurs leaders est une victoire incontestable.

Mais les critiques se multiplient à gauche comme à droite. À gauche, certaines centrales syndicales dénoncent la « démagogie de ces associations ». À droite, on estime que « le chômage n'est pas une fatalité pour qu'on l'entérine “comme une composante de la société”... ».

Quoi qu'il en soit, les gouvernements Jospin au début et celui de Raffarin aujourd'hui savent que le pouvoir de ces associations est loin de constituer une force de nuisance comme c'est le cas des syndicats.

En réalité, ces associations qui se veulent autonomes et apolitiques pour s'élargir et devenir un vrai groupe de pression restent otages de leurs responsables, très souvent militants acharnés de partis politiques. Ils sont endoctrinés par les mêmes discours et dépassés par l'évolution de la société dans laquelle nous vivons.

Aujourd'hui, à part la CGT qui se targue de rassembler 11 000 chômeurs, les autres associations n'ont presque

1. Un sondage du 31 décembre 1997 fait état de 63 % de sentiments favorables.

pas de militants en dehors de leurs salariés[1] et des bénévoles, pour la plupart des retraités apolitiques. Elles servent de tremplin et de relais pour les partis et les syndicats qui les soutiennent et se trouvent réunis dans les grandes manifestations organisées par-ci par-là. Sont de tous les combats les chômeurs… sauf ceux qui ne sont pas acquis à leur cause. Et qui sont plus de 4 millions.

En effet, la rue pullule de ces précaires qui préféreraient crever plutôt que de s'inscrire dans ces associations de chômeurs. Pourtant, quelques-uns ont tenté leur chance, animés de cette volonté de faire quelque chose pour s'en sortir. Le cas de Karim est édifiant. Il nous raconte sa tournée de ces associations. Il les connaît toutes[2] :

En 1998, j'étais au chômage et je voulais à tout prix travailler. Diplômé d'un DEA de droit et très doué pour les challenges mais surtout révolté par l'absence de perspectives d'emploi, le mouvement des chômeurs de 1998 m'a donné beaucoup d'espoir et je me suis dis : Pourquoi ne pas les soutenir concrètement ? Je voulais moi aussi exprimer ma colère contre le système en place sans aucune arrière-pensée politique. L'essentiel pour moi est de trouver du boulot.

Première étape, je prépare un projet qui, à mon humble avis, devait être mieux pris par les associations. Dans ma naïveté, je voulais les convaincre d'aller directement vers les entreprises pour les sensibiliser sur l'importance des embauches et créer ainsi un lien direct entre les chômeurs et les employeurs. Mais pas seulement ; je voulais aussi créer un lien entre les investisseurs et les chômeurs qui veulent créer leur propre entreprise et enfin, je voulais à tout prix rencontrer des chômeurs comme moi pour créer une force d'influence auprès des pouvoirs publics. Très fier de mon projet, je me lance !

---

1. C'est le cas du mouvement national des chômeurs et des précaires qui fonctionne à coups de subventions et d'emplois jeunes. Il rassemble quelques dizaines d'associations de proximité qui n'ont rien à voir avec l'idéologie politique des responsables du siège.
2. APEIS, MNCP, CGT et AC !

Je commence par le comité de chômeurs de la CGT de ma commune. La permanence est assurée par une salariée en même temps militante syndicale. L'accueil ressemble à celui d'un agent de l'ANPE. Il est froid et très routinier. Je me présente en tant que résident de la ville (communiste) et je me lance dans la présentation de mon projet. La dame, excédée par mon enthousiasme, m'arrête sèchement mais poliment et me conseille de lui laisser une copie du projet afin qu'elle puisse le présenter aux membres de la commission qui se réunissent dans quinze jours. Sur ce, elle m'ouvre la porte de sortie.

Déçu par cette indifférence, je prends contact avec l'association AC ! à Paris un jour de permanence. Arrivé à destination, je me présente presque en murmurant, tellement les gens présents sont occupés à faire quelque chose. Ils discutent à petite voix. Je prends une chaise et je m'assois sans que personne ne m'y invite. Cinq minutes plus tard, une dame vient à moi et me demande des cigarettes. Presque navré d'être non-fumeur, je ne la lâche pas. Je veux tout savoir sur elle et sur les autres. Malheureusement, elle ne connaît qu'une seule personne qui l'aide à monter un dossier social pour surendettement. Elle est chômeuse de longue date et ne semble pas pressée de trouver un boulot. Sa présence à AC ! n'a rien à voir avec son soutien au mouvement des chômeurs. Militer n'est pas son hobby, elle vient pour glaner des informations sur les allocations et les aides pour les parents isolés. Personne ne s'intéresse à moi, ni à ma présence. Après une heure d'acclimatation, je prends mon courage à deux mains et j'avance vers un gars qui m'a donné l'impression d'être l'un des responsables. Je me présente, en tant que juriste au chômage. Mon interlocuteur reste de marbre, il boit de l'eau et continue à écrire, je ne sais quoi. Je lui parle de mon projet. Et là, la réponse est presque nette. Il m'explique que son association lutte pour l'augmentation des minima sociaux des chômeurs. Pour le retour à l'emploi, il m'oriente vers l'APEIS. Il n'a même pas pris la peine de savoir quel genre de projet je proposais. Hors de leurs projets pour lesquels ils sortent dans la rue, ceux qui viennent des anonymes sont inexistants.

Je termine mon périple au siège de l'APEIS. Il faut reconnaître que chez eux l'accueil est plutôt agréable. Une bénévole m'écoute attentivement et me propose de me présenter la chargée des relations publiques. Cette dernière m'invite à écouter une cassette où elle anime une table ronde dans une chaîne de radio. Je trouve ce qu'elle dit très intéressant. Au moins, elle ne rejette pas la recherche du travail. Très content de rencontrer une personne attentive à mes propos, je lui explique que les entreprises et les patrons doivent être impliqués dans cette lutte contre le chômage et que lutter pour une prime de Noël et l'augmentation des minima sociaux est une solution de désespoir et moi je ne veux pas en arriver là. Elle est apparemment très surprise, mais surtout pas d'accord avec moi puisqu'elle me dit que lutter pour une prime de Noël n'empêche pas de revendiquer le droit au travail. Sur ce, elle me propose son aide en cas de problèmes avec l'ANPE ou les ASSEDIC. Je pense que sans le savoir, je suis sorti du créneau de prédilection de cette association. Je quitte l'association en laissant une copie de mon projet à toutes fins utiles.

J'attends toujours un contact de ces associations de chômeurs, mais en vain. J'ai essayé de les contacter à plusieurs reprises mais ce sont toujours d'autres personnes qui me reçoivent et qui ne semblent pas être au courant de mon projet. À force de les déranger, j'ai découvert que je suis une personne indésirable dans ces associations. La raison est, bien entendu, démagogique. Elles ont décrété que je suis manipulé par les patrons et la droite au pouvoir. Alors que je suis un chômeur parmi les 4 millions de personnes qui n'aspirent qu'à mieux vivre.

La mésaventure de Karim est loin d'être isolée. Ce sont des milliers de chômeurs qui, comme lui, tentent de s'en sortir et s'approchent de ces associations. Malheureusement, ils déchantent au bout de quelque temps et s'isolent dans leur coin, sans savoir à quel saint se vouer.

En effet, le chômeur y est, la plupart du temps, engagé politiquement de gauche, de préférence militant du PCF, trotskiste ou syndicaliste ou, à la limite, exécutant sans opinion, suiviste, incolore, inodore. Le chômeur qui veut s'impliquer dans ces associations ne doit avoir aucune ambition. Il ne doit surtout pas avoir de projet professionnel, ni même le droit de rêver de devenir riche. Le chômeur en colère doit être prédisposé à vivoter dans l'assistanat avec le minimum vital qui permet à ces associations de revendiquer son augmentation les derniers jours de décembre.

Au final, ces associations de chômeurs, appendices des partis politiques et des syndicats, vivant dans leur bulle idéologique, sont complètement coupées de la réalité de la société de consommation actuelle dans laquelle vivent les chômeurs. Si ces derniers, faute de trouver un travail stable, vivotent des minima sociaux, ils aspirent tous à mieux vivre, à s'offrir les meilleurs produits, à devenir acteurs dans la société et non pas à rester ces exclus qui servent de fonds de commerce aux démagogues de tous bords.

Les chômeurs en France savent pertinemment que pour les sortir de l'exclusion, les syndicats sont une illusion.

Chapitre III

Voyage au cœur de l'idéologie fiscale

Malheureusement pour l'économie française et surtout les 3 millions de chômeurs et 4 millions de précaires que leurs actions condamnent à l'exclusion, les leviers financiers de l'économie française sont encore aux mains des syndicats idéologiquement les plus rétrogrades, regroupés dans SUD (Solidaires, unitaires et démocratiques), inspirés par *Le Monde diplomatique*, l'association ATTAC, AC !. Bien protégés par leur statut de fonctionnaires qui leur garantit les fins de mois, ils ont fait de la destruction du système qui fait vivre les autres Français, de l'anticapitalisme, de l'antimarché, de l'antimondialisation, de tous les anti... leur dogme. Combien il est facile d'être contre le profit, le travail et pour une société qui met au premier plan la réalisation individuelle dans les loisirs lorsque l'argent tombe tout seul !

Malheureusement, ce sont eux qui continuent de faire les lois et de faire appliquer les lois qui tuent nos entreprises et l'emploi, donc l'espoir.

Au cœur du dispositif, inconnu du grand public, le service de la Législation fiscale, devenu récemment la direction de la Législation fiscale qui, avec ses 200 fonctionnaires, fait littéralement la loi. En effet, lorsque le Parlement vote un texte qui ne convient pas à la DLF, par exemple l'exemption des bénéfices des premières années pour les nouvelles entreprises (de façon à en encourager la multiplication), la DLF a tôt fait d'en annuler tous les effets par des circulaires d'application et même de transformer une loi positive en un attrape-mouches où viendront se coller les malheureux qui ont fait confiance à l'État sans savoir que ceux qui utilisent cette exemption sont repérés par les contrôleurs du fisc pour faire leurs quotas[1].

Car, à côté des 200 fonctionnaires de la DLF, figurent environ 70 000 personnes de la direction générale des Impôts, où règne en maître le Syndicat national unifié des impôts, un syndicat appartenant aux syndicats SUD et adhérent officiel d'ATTAC.

Y règne un curieux mélange d'idéologie d'extrême gauche – un chef d'entreprise est par définition un riche qui s'est enrichi de la sueur du prolétaire[2] – , de jalousie – comment un petit patron peut-il gagner plus que moi, fonctionnaire (on oublie les risques, les faillites, etc.) – et de conquêtes de toujours plus de privilèges, notamment celui de gagner traitement et primes en travaillant de moins en moins.

Ces tendances ont été par ailleurs aggravées par l'inconscience technocratique des hauts fonctionnaires, sortis de l'ENA. C'est ainsi que Valéry Giscard d'Estaing, alors ministre des Finances, a cru bon, au nom de la productivité, d'introduire vers la fin des années 1960 la « statistique » comme mesure de gestion de la DGI.

La « statistique », c'est le total des redressements notifiés aux contribuables inspectés. Le critère paraît assez

1. Dernier avatar : cette disposition a été limitée à des entreprises implantées dans certaines zones d'aménagement du territoire (article 44 sexies).

2. Même lorsque, comme le remarque Paul Cravenne, beaucoup de chefs de petites entreprises ne savent pas écrire sans fautes d'orthographe, ce qui traduit la modestie de leurs origines.

naturel pour mesurer les résultats d'un service dont le rôle est, après tout, de rectifier les erreurs ou tricheries des contribuables. Mais, à côté de lui, d'autres critères devraient être pris en compte comme, par exemple, la qualité des redressements émis et le sérieux juridique de l'agent en la matière.

Or notre ministre des Finances et ses successeurs ne se sont pas posé de questions et notamment n'ont pas réfléchi qu'en France, du fait que l'agent qui effectue le redressement n'est pas celui qui a la responsabilité de son encaissement (la direction de la Comptabilité publique), les inspecteurs allaient rapidement se mettre à redresser n'importe comment, sur n'importe quoi, avec comme objectif de faire le plus vite possible les « quotas » que la « statistique » leur impose, de façon à pouvoir, le plus vite possible, se livrer à d'autres activités beaucoup plus lucratives ou intéressantes : l'exploitation d'une ferme au nom du conjoint, l'exercice d'une fonction représentative municipale ou même cantonale, etc.

À ces redressements effectués n'importe comment sur n'importe quoi, aucune sanction, la hiérarchie prenant fait et cause pour ses collaborateurs, d'autant que des primes pouvant aller jusqu'à doubler le traitement sont accordées aux directeurs départementaux et à leurs adjoints s'ils réalisent une bonne statistique.

Toutes les traces permettant de remettre en cause ce système absurde ont été gommées.

Si le contribuable a la mauvaise idée de résister et de faire appel aux tribunaux, l'administration saura supprimer les cas les plus gênants où elle est sûre de perdre, en proposant, avant l'audience, au contribuable une transaction à 10 % du redressement voire, le cas échéant, en abandonnant le redressement. Cela permet d'afficher un taux de succès de 85 % devant les tribunaux.

Pas de sanction pour l'administration qui, même si elle est perdante, ne peut pas être contrainte d'indemniser le contribuable, au titre de l'article L. 207 du code de procédure fiscale. Pour être indemnisé, le contribuable, après avoir gagné, doit recommencer une procédure nouvelle qui peut demander jusqu'à dix ans avant d'aboutir.

Ces mécanismes sont absolument dévastateurs pour les contribuables et plutôt que de les commenter, nous reproduisons ci-après quelques témoignages accablants.

On pourrait penser qu'il s'agit de cas aberrants, d'accidents comme il s'en produit dans toute organisation humaine, si des faits concordants ne démontraient que ces accidents ne sont pas l'exception mais la règle :

– 95 % des quelque 50 000 contrôles sur place effectués chaque année par la DGI donnent lieu à un redressement.

– Mais, preuve du peu de sérieux de ces redressements, il ne rentre dans les caisses de l'État que moins de 40 % des redressements effectués.

– Et l'absurdité du mécanisme est confirmée par une déposition du chef de l'inspection des Finances devant le Parlement : « D'un côté, vous avez des gens qui affichent des statistiques extraordinaires de contrôle fiscal, mais sans aucun recouvrement derrière [...]. Notre dernière enquête a montré que la cellule d'un poste territorial de la DGI qui affichait les plus forts résultats de contrôle fiscal avait abouti à des recouvrements zéro. Zéro, rien ; pas un sou en trois ans ! »

Que font les syndicats, le SNUI tout particulièrement ?

Protestent-ils contre le maintien dans le service d'un ancien directeur des services fiscaux d'Aix-en-Provence et de sa femme, inspectrice des Impôts, qui avaient omis de faire leur déclaration de revenus pendant des années et ont été simplement déplacés ? Ont-ils protesté contre le fait qu'à la suite d'une enquête de la Cour des comptes on s'est aperçu que :

– Les agents recevaient des primes illégales non prévues par un texte réglementaire.

– Ils n'en déclaraient pas une grande partie.

– Un certain nombre de ces primes provenaient des fonds de concours, ce qui les sortait du budget approuvé par le Parlement, ce qui est absolument illégal.

Non.

Leur bataille, c'est d'éviter toute informatisation du contrôle fiscal pour éviter de voir réduire les effectifs, même si la France a été classée par un rapport de l'inspection des Finances comme le pays où le coût de collecte de l'impôt est le plus élevé.

C'est considérer que le contribuable n'est pas un client mais un assujetti, un vassal du prince qu'eux-mêmes représentent. Même s'il est confortable de remplir les caisses syndicales avec un guide du contribuable vendu en kiosque et publié avant les concurrents, avec des informations de première main.

DE L'ÉTAT DE DROIT EN FRANCE[1]

par Jérôme Giacomoni, chef d'entreprise

13 janvier 1993 : Création d'**Aérophile SA** sur un concept unique au monde, le grand ballon captif. Il s'agit d'un ballon gonflé à l'hélium relié au sol par un treuil qui monte 30 personnes à 150 mètres d'altitude toutes les dix minutes pour admirer un site ou une ville. Il s'agit ni plus ni moins d'une

1. Les témoignages qui suivent ont été présentés à l'occasion de colloques organisés par l'iFRAP à l'Assemblée nationale, notamment celui du 17 juin 2003 présidé par François Goulard, député-maire de Vannes et vice-président de la commission des Finances, sur « Le fisc et les contribuables : rétablir l'équilibre ».

grande roue en plus original et qui monte plus haut. Il existe un système à Paris depuis quatre ans dans le parc André-Citroën qui a déjà fait voler plus de 250 000 passagers.

Novembre 1993 : Lettre au service de Législation fiscale pour connaître le régime de TVA applicable au grand ballon captif.

18 avril 1994 : Lancement du premier grand ballon captif des temps modernes au château de Chantilly (60), propriété d'Aérophile SA dont je suis le président.

30 août 1994 : Réponse du SLF : « Le ballon captif présente, tant par sa conception que par son mode d'exploitation, les caractéristiques essentielles d'un manège forain et peut donc bénéficier du taux réduit », soit 5,5 %.

Mai 1995 : Grâce au fort succès de Chantilly (40 000 passagers en six mois, + 25 % de fréquentation dans le domaine de Chantilly), création d'**Aérocheverny**, filiale 50/50 d'Aérophile SA et du marquis de Vibraye pour exploiter exactement le même système dans le château de Cheverny (41), célèbre château de la Loire, sur le même modèle que Chantilly.

Mars 1996 : Contrôle fiscal à Chantilly : aucun redressement et validation du taux à 5,5 %.

1997 : Bilan d'Aérocheverny. Chiffre d'affaires : 1,3 million de francs, bénéfice net : 30 000 francs, 6 salariés.

19 juin 1998 : Contrôle fiscal à Cheverny par le célèbre inspecteur X.

30 novembre 1998 : Notification de redressements pour 366 654 francs et 43 009 francs de pénalités. En effet, l'inspecteur remet totalement en cause le principe de la TVA à 5,5 % et utilise cinq arguments :

1. « Le ballon ne peut pas être assimilé à un manège forain car le déplacement de l'ensemble est impossible » *(sûrement plus qu'un grand huit)*.

2. « La société n'est pas un professionnel de la fête foraine » *(Walt Disney non plus)*.

3. « Le ballon n'utilise pas d'énergie extérieure en montée » *(je lui souhaite de ne jamais prendre l'ascenseur en descente sans énergie extérieure)*.

4. « Le parc et le château de Cheverny ne peuvent pas, bien entendu, être assimilés à un parc d'attractions » *(la place de la Concorde non plus)*.

5. « Le passager monte en tant que touriste pour effectuer des photographies aériennes, le passager n'est pas passif » *(étrangement, malgré mes recherches, je n'ai trouvé aucune définition de la passivité des passagers dans aucun texte de loi).*

15 décembre 1998 : Contestation de ma part qui suis aussi gérant d'Aérocheverny avec copie de la lettre du SLF du 30 août 1994.

15 mars 1999 : Réponse de l'inspecteur X qui maintient tout.

10 mai 1999 : Rendez-vous chez le très sympathique directeur divisionnaire : « Cher monsieur Giacomoni, vous n'avez aucune chance contre nous, nous gagnons 95 % des fois au tribunal administratif. »

17 juin 1999 : Rejet de mon recours par M..

22 mars 2000 : Passage devant la commission des impôts directs et des taxes sur le chiffre d'affaires du département (CAITCA). Je demande devant tout le monde à Fiscalator pourquoi n'avait-il pas tenu compte de la lettre du SLF. Il m'a répondu froidement : « Si j'en avais tenu compte, je n'aurais pas pu vous redresser. » La boucle est bouclée.

7 avril 2000 : Réponse de la CAITCA : « La commission constate que le ballon à gaz de la SARL Aérocheverny est gonflé à l'hélium *(bravo)* ; que, bien que l'installation soit fixe, son déplacement ne semble pas impossible (*eh oui, c'est un ballon !...*) ; qu'il est actionné par un treuil, équipé d'un système hydraulique, qui retient le ballon en montée et le ramène en descente *(eux au moins ils ont compris comment cela marche).* Toutefois, elle estime que la détermination du taux de TVA applicable constitue une question de droit qui ne ressort pas de sa compétence » *(serait-elle incompétente ?).*

15 mai 2000 : Avis de mise en recouvrement pour 409 663 francs.

31 mai 2000 : Mise en demeure.

15 juin 2000 : Le passif exigible devient supérieur à l'actif disponible : dépôt de bilan.

20 juin 2000 : Courrier au SLF avant de mourir.

22 juin 2000 : Liquidation d'Aérocheverny et licenciement des 6 salariés.

16 janvier 2001 : Réponse de M. Jean Journet, sous-directeur de la direction de la Législation fiscale : « Les droits d'accès à ce ballon captif relèvent donc, comme les droits d'accès à l'installation identique située sur le domaine de Chantilly, du taux réduit de la TVA. Les rappels notifiés à ce titre seront donc abandonnés. »

Résultat : Je suis inscrit à la Banque de France[1] et Aérophile a perdu un million de francs qu'elle avait investis dans la société en compte courant sans compter l'immense perte de temps et d'énergie qui n'a pas été payée pour ma part par le contribuable.

Mon seul tort est d'avoir investi et cru en mon pays. Si je n'avais rien fait, je serais plus riche d'un million de francs que j'aurais probablement investi à l'étranger (Suisse, îles Caïmans, Bermudes) pour mon développement.

MM. X et Y ont dû être promus et seront à la retraite à 55 ans.

Il n'y a aucun recours possible,

1. parce que ce serait très long pour un tout petit gain, s'il existe,

2. parce que tout ira au liquidateur qui une fois de plus se régalera si quelque chose retombe *(un beau sujet aussi, celui-là).*

3. parce que l'on n'a qu'une vie.

Conclusion : Depuis dix ans que j'ai créé mon entreprise avec mon associé en France :

Nous sommes leader mondial du système avec 25 ballons vendus sur les cinq continents, au-dessus des temples d'Angkor au Cambodge ou, bientôt, à la Villa Borghese à Rome et bien sûr à Paris ; nous avons exporté 90 % de ma production en 2002 et nous avons fait 400 000 euro de bénéfice net avec 16 salariés.

En cumulé sur dix ans, nous avons créé 25 millions d'euro de chiffre d'affaires dont 53 % à l'exportation sur une idée folle de grand ballon captif, 2,7 millions d'euro de salaires versés, 860 000 euro de charges sociales versées, 270 000 euro de taxes et d'impôts payés, 556 000 euro de bénéfice dont un tiers revient à l'État.

---

1. Pour dépôt de bilan (*N.d.E.*).

Notre seul remerciement a été un magnifique dépôt de bilan, épreuve toujours agréable.

Aujourd'hui, j'ai l'intime conviction que la France n'est pas un État de droit parce que l'État lui-même et tous ses sbires n'appliquent pas le droit. En effet, ils peuvent nuire en toute impunité sans sanction ni contre-pouvoir. Je ne me sens vraiment pas en sécurité en France...

Rétablissez l'État de droit en protégeant l'entrepreneur contre l'État.

LE MARTYRE FISCAL

d'Andrée Mariscal, contribuable parmi d'autres

Mme Andrée Mariscal est originaire du nord de la France. En 1986, avec son époux, elle s'installe sur la Côte d'Azur et crée avec son fils deux sociétés civiles immobilières (gestion et construction). Passent quelques années, et les premières salves de notification se déchaînent.

En moins de deux cents jours, en 1998, ma famille et moi-même avons fait l'objet, de la part des services fiscaux de Cagnes-sur-Mer, de pas moins de 130 notifications concernant nos deux SCI et à titre personnel, orchestrées par deux inspectrices des impôts. Et nous avons dû répondre à 18 convocations. Ces notifications étaient toutes des plus farfelues si bien qu'au final la quasi-totalité des redressements a été abandonnée après une intervention de notre conseil, M. Cardot, auprès de l'interlocuteur départemental à Nice. Ce qui prouve qu'il existe bien des contrôles fiscaux dépourvus de tout fondement.

Exemple : une convocation en recommandé nous a été apportée par le facteur vers midi, heure à laquelle il passe tous les jours. Le contenu du recommandé était une convocation pour le même jour à dix heures. Il y avait donc véritablement une attitude d'intimidation, de déstabilisation. Nous étions totalement affolés car nous ne pouvions pas être présents au rendez-vous.

Une autre notification concernait un billet de 200 francs dont, paraît-il, je n'aurais pas pu expliquer l'origine. C'est des plus fantastiques !

Autre exemple : les deux vérificatrices auraient constaté, paraît-il, une activité occulte de vente de véhicules d'occasion avec défaut de déclaration et soustraction frauduleuse de TVA. Bien évidemment, s'y ajoutaient des pénalités de mauvaise foi et des intérêts de retard. Ce seul redressement concernant des véhicules personnels représentait 1 100 000 francs. Car il s'agissait bien de véhicules personnels : tous les six mois, durant trois ans, j'ai acheté des véhicules d'occasion et je les ai revendus beaucoup moins cher, malheureusement, pour acquérir un nouveau modèle. Résultat, l'administration a cru devoir nous transformer en vendeurs de véhicules. C'est grave ! Nous avons obtenu, grâce à l'intervention de M. Cardot, l'abandon du redressement mais pas des pénalités de mauvaise foi ! Ceci prouve, encore une fois, combien ces redressements étaient bidon.

Je dois préciser qu'une des vérificatrices a effectué avec notre accord un emport de 1 000 pièces comptables pour l'une de mes SCI. Elle m'a donné un reçu. Or, lorsque j'ai été convoquée pour la restitution obligatoire des documents, j'ai constaté que la liasse des pièces était beaucoup plus épaisse. On a fait venir un huissier dans les locaux des impôts, il a compté et en effet, il y avait 344 pièces supplémentaires alors qu'elle tentait de nous faire signer un reçu pour 1 000 pièces. Et cela a entravé ma défense puisque, lors de convocations précédentes, je n'avais pu disposer d'éléments qui avaient été soustraits.

Un autre redressement aussi invraisemblable que les autres portait sur la TVA d'un terrain que nous avions acheté pour y construire un immeuble. L'inspectrice a soutenu, contre toute évidence, que nous avions fraudé le fisc en récupérant cette TVA. Elle m'a dit : « Vous ne l'avez pas acquittée. » Alors qu'à l'acte de vente, le notaire m'avait donné le reçu des impôts attestant du paiement de la TVA. Aujourd'hui encore, l'administration continue à ne rien vouloir entendre. On a un mur, on a carrément un mur devant nous et avec ça j'ai encore des pénalités pour mauvaise foi.

C'est quand même bizarre, tous ces redressements. Ces 130 notifications ont totalisé 10 kilos de papiers. Lorsqu'on sait qu'une feuille de papier pèse 7 grammes, on peut imaginer la masse de papiers que nous avons reçue. Le facteur, à un certain moment, s'est demandé si nous n'étions pas des vandales ou des escrocs, enfin bref, on pouvait tout imaginer. Nous avons passé un an et demi à répondre à ces notifications, à ces convocations abusives. Chaque convocation durait quand même trois heures. Durant tout ce temps-là, nous n'avons pas pu travailler, nous sommes une affaire de famille.

Un autre redressement mettait en cause la comptabilité que l'inspectrice avait rejetée. J'avais opté dès le début, dès la création de la SCI, pour la TVA encaissements/décaissements. Elle m'a dit : « Vous êtes une société civile immobilière commerciale. » Pour elle, j'étais commerciale, donc je devais avoir une comptabilité selon le principe des créances acquises et des dépenses engagées. Elle a comptabilisé les ventes de 1997 pour les repasser en 1996, « comme vous avez vendu des appartements en l'état futur d'achèvement ». J'ai expliqué que l'acte de vente avait eu lieu en 1996 mais que je n'avais pas eu l'argent en 1996 mais en 1997. « Cela ne fait rien, a-t-elle dit, la TVA de 1997 doit être retenue sur 1996, ce n'est qu'une facilité, le receveur le fera très bien, mais en attendant vous êtes redressée. » Je lui ai répondu : « Je suis désolée, mais pour ma comptabilité j'ai choisi l'option de TVA encaissements/décaissements. » Mais elle n'a rien voulu entendre, alors qu'une instruction fiscale précise que les SCI civiles, qu'elles soient de gestion ou de construction-vente, ne sont pas soumises aux règles de la comptabilité commerciale. C'est une instruction fiscale, n'importe qui peut la lire. Eh bien, mon inspectrice a choisi de l'ignorer délibérément.

J'avais affaire à quelqu'un qui ne voulait rien entendre, qui n'en faisait qu'à sa tête. À la limite, que vous soyez dans votre droit, que vous observiez une comptabilité dans les règles de l'art, aucune importance. J'ai eu le sentiment tout le long de mes 130 contrôles que la détermination de ces deux vérificatrices était de redresser pour un montant le plus élevé possible. Elles agissaient comme un commercial qui va vendre la marchandise de sa société ; elles, c'était du redressement. Elles étaient venues pour redresser et leur détermination a été sans faille du début jusqu'à la fin. Et moi devant cette machination, j'ai subi, pendant un an et demi, une véritable torture morale.

M. Jean-Pierre Cardot a complété ainsi le témoignage de Mme Mariscal :

130 notifications ! Mais qui peut résister ? En deux cents jours, pas en trente ans ! Toutes aussi farfelues les unes que les autres, il faut le savoir. On lui demandait l'explication sur un billet de 200 francs. Elle avait retiré 200 francs du distributeur trois ans auparavant ! Mais il a fallu donner une explication. Or, ce billet était par inadvertance passé à la machine à laver et Mme Mariscal l'avait porté à la banque, il y a eu une trace, on l'a redressée sur ça, voilà l'explication ! Alors, toutes ces bêtises, c'est de la mauvaise foi. Nous avons voulu rencontrer l'interlocuteur départemental. C'est une sorte de médiateur, quand il veut bien l'être, qui est là pour vous entendre. Et seul celui qui sait qu'il existe peut aller le trouver. Mais vous ne pouvez le voir que si vous savez quoi lui dire, car cette entrevue est réglée par un texte qui dit ce que l'on peut dire à un interlocuteur départemental. Il nous a reçus... et en fin de compte nous avons obtenu l'abandon de la quasi-totalité de ces redressements farfelus.

Qui peut résister à tout cela ? Ça peut arriver demain à n'importe lequel d'entre vous. On demande au contribuable de respecter la loi. Mais l'administration fiscale, que fait-elle ? Parce qu'elle savait que le contribuable, en l'occurrence Mme Mariscal, n'y comprend pas grand-chose même avec ses conseils autour, elle lui a soustrait 300 pièces pour l'empêcher de se défendre, et au moment de la restitution, on a voulu lui faire signer un papier : « Voici, et récupérez les 1 000 pièces. » Ça vaut combien d'années de prison ? Soustraction frauduleuse de documents d'entreprise ? Par un hasard extraordinaire, un huissier est venu à la direction des services à Cagnes-sur-Mer et il a compté les pièces. J'ai le procès-verbal. L'administration a tenté de nier bien évidemment ; ils nient l'évidence, cherchent une explication. Pour un peu, c'est nous qui les lui avions mises dans les poches. Il ne faut quand même pas exagérer !

L'INQUISITION FISCALE

par Marie de Rouville

J'espère que cette salle invite et accueille des membres de l'administration fiscale. Sachez que je suis dénuée de véhémence et d'impétuosité. En effet, j'ai rencontré des fonctionnaires remarquables qui honorent leur travail, et entendez-le bien, qui m'ont soutenue, et particulièrement une personne à qui je pense maintenant et dont les mots d'aide et de réconfort résonnent encore. Merci madame. Malheureusement j'ai infiniment déploré d'avoir croisé des personnes infréquentables qui justifient amplement ma présence ici.

Je vais donc me présenter. Je suis bien la « petite dame » du livre best-seller de M. Zimmern[1]. De ma descente aux enfers vous ne saurez rien ; ma souffrance associée à celle de ma famille m'est trop insupportable, vive et intime pour l'exposer. Alors je tenterai la parade de l'humour. Je suis née exactement le même jour et la même année que M. Strauss-Kahn, ancien ministre des Finances. Il a une grande famille ; je suis mère de cinq enfants. Il a connu l'épreuve d'une procédure qui a duré deux ans ; la mienne s'est poursuivie pendant quinze ans… Quinze ans, c'est long, très long. J'ai envie de répéter les paroles de M. Perben, garde des Sceaux : « Ce n'est plus de la justice, c'est du carbone 14. » Là s'arrêtent les similitudes, les chocs de la vie et la gémellité astrolo-

1. *Les Profiteurs de l'État*, Plon, 2001.

gique. En effet, M. Strauss-Kahn était un ministre très peu curieux et distrait. On lui confie une cassette, il oublie de la visionner et il la perd. Pour ma part, j'ai tout gardé, rien perdu. Pas un papier qui n'ait été manipulé des dizaines de fois pour comprendre cet acharnement édifiant, j'accumule des cartons et des cartons au point d'envahir la salle de jeux de mes enfants avec interdiction pour eux de les toucher.

Tout commence le 9 février 1988 par un avis de vérification dans l'entreprise de mon mari. Je tiens à préciser : je n'ai pas épousé un voyou, un fraudeur, mais un acharné de travail, qui ne compte pas ses heures, sa disponibilité au service de sa clientèle et de ses fournisseurs pour diriger et maintenir sa SA. Le contrôle s'est effectué de manière curieuse où le contradictoire a été totalement confisqué et même ce principe fut totalement dévoyé, avec refus de réunions, absence de prise en compte des réponses de la société et harcèlement oppositionnel à toute réclamation. Dès le départ, en défiant toutes les règles, cette vérificatrice est allée jusqu'à faire procéder à une descente inopinée, sans la motiver, de cinq agents d'une brigade de contrôle dans le magasin, en présence des clients, et, par ailleurs, sans résultat. En effet, cette vérificatrice a instruit son dossier de manière unilatérale, avec refus de discussion et intention manifeste d'écarter la comptabilité de la société avec des arguments infondés. Coup classique, elle a ainsi procédé à une reconstitution du chiffre d'affaires au moyen d'une méthode d'approximation, dite « méthode du coefficient de marge brute ». Pour couronner le tout, mon mari a été désigné à titre conservatoire comme bénéficiaire.

Vous avez devant vous le scénario classique : rejet de comptabilité, reconstitution du chiffre d'affaires et des notifications de redressement pour la société et son dirigeant de plusieurs millions qui signent la ruine de l'entreprise et la ruine personnelle.

Bien entendu, ces notifications étaient entachées de nullité. Mais là je m'interroge : lorsque la machine s'emballe, nul ne peut l'arrêter ou la désamorcer. Les notifications d'une vérificatrice sont inscrites dans le marbre, aucune hiérarchie ne voudra les contester malgré les énormités et les erreurs les plus grossières. Il faudra encore attendre quinze ans. Non, je ne suis pas dans la patrie d'Ubu mais en France, championne de la pression, confiscation fiscale et inspiratrice de tels génies fiscaux qui procèdent en toute impunité. Et pourquoi quinze ans d'attente, c'est bien commode la lenteur de la justice, les responsabilités sont diluées à défaut d'être identifiées par les instigateurs mutés ou partis à la retraite ou dans le privé, à moins que le pauvre assujetti n'ait jeté l'éponge : volatilisé dans l'éclat d'une liquidation, anéanti par les hypothèques, liquéfié par ces dettes infondées et les garanties à fournir. Je suis tentée de répéter les mots de ce syndicaliste de Toulouse repris par le formidable livre de MM. Fauroux et Spitz, *Notre État* : « Nous refusons l'approche par l'usager, nous avons devant nous des redevables, des assujettis auxquels nous appliquons la loi en vertu des prérogatives de puissance publique. » Car il faut que vous sachiez, mesdames et messieurs, que l'on peut être tué avant d'être sauvé, mangé avant toute décision de justice. En effet, notre société a fait l'objet de séquestration, de nantissements de fonds, et, sur le plan personnel, notre maison familiale fut hypothéquée. Tout a été pris, et nos économies et même notre épargne retraite furent amputées pour honorer toutes les factures liées à ce contrôle. Ce n'était pas un contrôle mais un arrêt de mort.

En 1991, j'ai donc pris la décision de m'arrêter de travailler pour me consacrer pleinement à ce triple challenge. Le premier, le plus difficile et sans doute le plus douloureux : protéger ma famille ; j'ai fait la promesse à mes beaux-parents de les défendre ; malheureusement ils ont quitté la vie dans le chagrin… Le second : pérenniser l'entreprise, je tiens à témoigner de l'indicible effort face à cette pression effroyable de continuer, d'aller travailler tous les jours alors que toute l'entreprise est rongée par les hypothèques ; vraiment je suis admirative du courage de mon mari. Et enfin, le troisième et je dirai le plus instructif et passionnant : défendre l'honnêteté de la société. J'ai donc sollicité ma retraite à 41 ans ; c'est injuste, je le reconnais, par rapport au privé, mais possible en raison des privilèges octroyés aux mères de famille fonctionnaires. Ce ne fut pas une retraite de repos, croyez-le.

La reprise complète du dossier et sa lecture totalement édifiante m'ont fait comprendre la douleur de mon mari, prisonnier d'un débat à sens unique, captif des erreurs de cette vérificatrice. Elle confondait les dates de bons de commande au lieu de la facture, les comptes bancaires de l'année 1985 avec ceux de 1987, notait des erreurs de caisse même le dimanche, jour de fermeture du magasin, etc. J'ai donc rassemblé toutes les preuves des erreurs commises par cette vérificatrice et j'ai sollicité un entretien auprès de la direction régionale des Impôts avec mes gros livres bleus afin de dénoncer les vices de service accablants et la fragilité du dossier fiscal tant sur le fond que sur la forme. J'étais épuisée, c'était en mars 2000. Encore une fois j'ai tenté de désamorcer la machine qui s'emballe auprès du directeur régional et de sa collaboratrice, j'ai expliqué l'épée de Damoclès qui me pendait sur la tête et le pistolet sur la tempe, la vie hypothéquée et leur dossier qui ne tenait pas la route, le risque de désaveu de justice, dépréciateur pour leur service. Il me fut dit que cette vérificatrice était très bien notée. Comme vous le savez maintenant, je suis très curieuse et j'ai trouvé l'explication. En effet, je cite la note confidentielle du 23 décembre 1988 du directeur général des Impôts de l'époque, adressée aux délégués régionaux et directeurs de services fiscaux : « Le niveau des redressements pratiqués doit être en 1989 au moins égal en francs constants à celui constaté en 1988… » Oui, souvenez-vous, mon affaire débute en 1988 avec un carton de plusieurs millions en 1989. Alors, je comprends tout, la carotte, le rendement, les notes des pitbulls partis mordre les proies licites et faciles, les tableaux de chasse dans un fauteuil. J'ai tout cerné, les enjeux et les profits à se partager. Plongée dans mes pensées, je suis rappelée à l'ordre par ce directeur : « Combien pouvez-vous payer ? Apportez vos bénéfices des trois dernières années. » Mesdames et messieurs, je suis ébahie. Je ne suis pas habile, je vous l'ai déjà dit, je n'ai pas vos diplômes, vos compétences, alors je sollicite les meilleurs talents : mon commissaire aux comptes : « Je le connais, donnez un million de francs » ; de la folie, l'entreprise coulera. Mon expert-comptable : « Peut-être moins, mais comment et combien ? » Des avocats : « Ils ne peuvent avoir les mains vides » ; mon mari : « Zéro zéro. » Finalement, je propose une partie des sommes déjà versées, à savoir 140 000 francs... Trois mois d'attente pour une réponse négative. Tout le monde m'a dit après que ma proposition était indécente face à leur appétit insatiable.

Alors je repars, je me tourne vers le médiateur de la République et obtiens un entretien à la préfecture. Comme vous le savez je suis curieuse et j'apprends sa profession. Devinez : ancien inspecteur des Impôts. Alors là, je jubile, je ne pouvais trouver meilleur interlocuteur. Je lui explique les redressements fantaisistes, la reconstitution du chiffre d'affaires avec des résultats ahurissants. Je vais vous faire rire encore. Vous connaissez tous les jeans Levi's ; eh bien cette vérificatrice calculait les montants d'achats sur trois années pour cette marque et recomptait une nouvelle fois Levi's Strauss, avec même une faute d'orthographe, comme s'il s'agissait d'un autre fournisseur. Sur une seule ligne, 1 million et demi d'erreur ! Les montants de redressement peuvent être faramineux. Je lui explique donc que sa collègue avait des casseroles, et pas n'importe lesquelles, et là je vous montre quatre cercueils, et un fait divers qui a fait la une des journaux locaux. En effet, je m'étrangle d'émotion à vous évoquer cela : cet homme, qui habitait un village voisin, a subi un contrôle fiscal de cette même vérificatrice, a crié son désarroi face à ce harcèlement, mais sans que personne vienne à son secours. Il a emporté dans son désespoir ses enfants, sa femme : oui, il a tué sa famille et s'est donné la mort. Eh bien, ce médiateur me dit : « Que faire ? Si on la mute elle recommencera ailleurs. » Alors là, comprenez, mesdames et messieurs, dans cette administration, pas de sanction, mais éventuellement mutation : on déplace les moutons noirs un peu plus loin.

Et puis je comprends tout et ouvrir encore la boîte de Pandore donne le vertige ; après les prédateurs se profilent les charognards, tout ce monde qui a intérêt à ce que vous plongiez, même ceux qui prétendent vous défendre, je vous l'affirme.

Et la délation, parlons-en même si c'est indécent. Ce même directeur des Impôts avait institué ce système et a écrit le

14 novembre 1986 dans des notes confidentielles à ses directeurs : « L'objectif est la réalisation à moyen terme d'une couverture à hauteur de 30 % de la programmation par le renseignement. » J'ouvre encore la boîte de Pandore : un voisin jaloux, un concurrent à éliminer, une maison à saisir à bas prix... il faut dire que j'ai appris bien plus tard que cette vérificatrice habitait mon quartier, est-ce normal ?

Si j'ai évoqué ma naissance, je tiens à souligner l'exquise délicatesse de cette vérificatrice qui a pris soin de dater la notification personnelle de redressement quelques jours avant l'anniversaire de mon mari pour que le recommandé lui arrive bien le jour J. Après la confiscation du débat contradictoire, le harcèlement était son jeu. Bien joué. Depuis quinze ans, avec une précision de métronome, les anniversaires étaient ponctués de commandements de payer ; le dernier, pour ses 50 ans, l'année 2000 annonçait des intérêts moratoires faramineux assortis d'un avis de saisie avant ouverture de la porte de notre maison, dont nous venions de finir de régler les échéances de vingt ans d'emprunt. Quand je vous dis que l'on peut être tué avant d'être sauvé.

J'ai bien compris aussi qu'il fallait dépayser ma défense, car on me jetait droit dans le mur. Encore un autre combat déloyal, pitoyable. Alors j'ai pris mon courage à deux mains, le train, marché, sollicité d'autres avocats. Des gens formidables, talentueux. Je serai infiniment reconnaissante à mon avocat pour son professionnalisme, son dévouement à me défendre et me soutenir.

Mon cauchemar ne s'est pas arrêté là. J'ai obtenu en premier lieu la victoire à titre personnel. Dégrèvement total de plus de 2 millions de francs et remboursement des frais hypothécaires. Le cauchemar n'était toujours pas fini. Restait la procédure du plus gros morceau : celle de la société, seconde étape de la procédure, avec des commandements de payer envoyés toujours la veille de Noël ou du jour de l'An, selon la célérité de La Poste. Le trésorier m'a offert, pour mon anniversaire cette fois, une sommation de régler la dette totale sous huit jours. C'était l'année dernière. Bien sûr, j'ai sollicité un entretien pour lui répéter l'instance de sursis et surtout les garanties constituées depuis quinze ans, écoutez bien, quinze ans qui couvrent la totalité des impositions contestées. Ce fut impossible, il était parti en vacances pour huit jours en me laissant son cadeau. Il a encore fallu attendre de très longs mois et vivre les dernières angoisses avant la décision de la cour administrative d'appel. Encore merci, Sandrine, pour votre soutien et votre infinie délicatesse en ces heures effroyables. Le trésorier n'a pas hésité à envoyer des avis à tiers à la banque pour bloquer le compte. Oui, on peut être tué avant d'être sauvé ! Même un deuxième avis à tiers détenteur après le jugement qui a donné droit entièrement à ma contestation ! À ce jour, j'attends toujours le remboursement des frais occasionnés par ces deux blocages.

Victoire enfin après quinze ans de souffrances, de ruine personnelle, de destruction, de manœuvres déstabilisatrices auprès des banques. Comme je vous le racontais, j'avais gardé tous les documents de ce lourd dossier ; eh bien, même le président de la cour administrative d'appel est revenu sur une facture de dix-huit ans, je l'ai sortie dans l'heure de ma salle de jeux désertée afin de faire exposer la sincérité de l'entreprise. Ne faites pas comme M. Strauss-Kahn, conservez tout. Autorisez-moi à vous faire sourire encore un peu, mais juste un peu, car je suis encore fragile. J'ai pu obtenir gain de cause, essentiellement sur la forme, évitant de gratter le fond marécageux, car cette fameuse notification de redressement totalement inique, eh bien, elle n'était même pas signée. Vous entendez, quinze ans pour une notification non signée, sans le moindre visa de l'inspecteur principal, dont le deuxième exemplaire était égaré soi-disant dans les archives de l'expert-comptable.

Voilà mon histoire. Permettez-moi d'ajouter que la France ne mérite pas des histoires pareilles. Messieurs les députés, vous seuls pouvez effriter l'édifice de cette bastille qu'est l'administration fiscale, vous seuls pouvez chahuter ces castes qui se sont approprié ce patrimoine public et règnent sur des terres protégées en toute impunité, et si je vous relis, monsieur le député : « La DGI est l'un des fortins les mieux défendus. » Alors, comme je vous l'ai écrit, autorisez-moi à répéter les paroles de M. Raffarin : « Il n'y a pas de citadelles imprenables, il n'y a que des citadelles mal attaquées. » Alors ébranlez l'édifice, attaquez ; vous avez une obligation de ne pas décevoir. Messieurs les députés, vous êtes ma dernière chance, vous êtes courageux de soumettre ce projet de loi, pour modifier l'article L. 207 ; mon témoignage doit vous faire comprendre son urgence ; l'Histoire et la Justice vous en seront reconnaissantes. Surtout en cette période difficile pour les petits entrepreneurs. M. Dutreil déploie toute son énergie pour sauvegarder les PME. Mais pour créer des entreprises et les mettre au monde, il faut beaucoup d'amour. Maman de cinq enfants, je ne puis vous dire le contraire ; et pour grandir, il faut de la reconnaissance. Autant dire des arguments sacrifiés sur l'autel du rendement au chiffre des fonctionnaires fiscaux, et une idéologie stupide et suicidaire qui méprise l'énergie entrepreneuriale. Mais je suis inquiète pour cette administration. Qu'aurez-vous à dévorer, à vous mettre sous la dent ? Qui restera en France, dans ce pays de plus en plus immobile, si les entrepreneurs décident de baisser les bras, sans compter tous les talents qui s'évadent tous les jours, il demeurera, et Nicolas Baverez le déplore déjà, « une république de fonctionnaires, par les fonctionnaires et pour les fonctionnaires ».

Je conclurai enfin par les propres paroles de notre ministre des Finances, M. Mer : « L'administration doit travailler pour les citoyens et les entreprises. » Puissiez-vous être entendu, monsieur le ministre, et mon humble témoignage et mon cri d'alarme, puissent-ils parvenir jusqu'à vous pour réclamer réparation d'une vie fracassée !

Quatrième partie

Les modèles étrangers

Les voies dans lesquelles se sont engagés la plupart des syndicats, notamment SUD, les amènent au précipice.

Si SUD voit sa clientèle se développer grâce au travail de désinformation et de déculturation accompli par le plan Langevin-Wallon, qui avait, après guerre, l'ambition de réformer toute l'école dans une optique qui était celle du parti communiste à l'époque, ou par *Le Monde diplomatique*. Travail qui leur permet de faire croire qu'il est possible d'avoir une société sans profits, sans multinationales, que la spéculation financière est honteuse et n'accomplit aucune fonction sociale sauf celle de satisfaire les appétits de capitalistes sans scrupule (ils n'ont pas compris qu'il n'y aurait pas de commerce international sans arbitrage et « spéculation »). Ce succès n'est que temporaire car l'information circule à travers les frontières et les jeunes savent ce qui se passe ailleurs.

Ils apprennent que le monde des multinationales et du libre-échange a conduit à une prospérité sans précédent dans tous les pays qui ont éradiqué la corruption et la dictature.

Et ils découvrent que la fonction publique devient peu à peu la victime de son immobilisme. Des jeunes ne veulent plus démarrer une carrière avec comme seule ambition la retraite à 50 ans et le nombre de candidats à l'entrée dans la fonction publique se réduit dramatiquement, ce qui se traduit par une baisse de plus de moitié non seulement des candidats à l'ENA mais même des candidats à des postes plus subalternes.

Sans aller chercher des pays lointains comme la Chine ou les États-Unis où de profondes transformations sont en cours, regardons déjà ce qui se passe dans des pays très voisins où des syndicalistes de progrès ont redonné au syndicalisme son vrai rôle, celui d'inventer le monde de demain au bénéfice de la condition salariale.

Cela peut servir de modèle aux quelques syndicats qui, comme par exemple la CFDT, veulent donner un futur au syndicalisme français.

Chapitre I

Les syndicats italiens seraient-ils ultra-libéraux ?

En 1993, le gouvernement italien a commencé un processus de « contractualisation » de l'emploi public qui est aujourd'hui achevé[1]. En 1998 a été introduit un nouveau système[2] en matière de recrutement, de formation et d'évolution des carrières.

Le système repose sur le mérite, la formation continue, une sélection objective, la productivité et la mobilité. Le statut général des fonctionnaires et les statuts spéciaux régis par le droit administratif ont été supprimés pour l'essentiel du personnel de l'administration.

Seuls ont conservé ce statut : les diplomates, les magistrats, les membres du corps préfectoral, les militaires et les forces de police.

Cette réforme a reçu l'accord des syndicats qui représentent à la fois le secteur public et privé et ont l'appui des agents publics. Ainsi la réforme a été soutenue à la fois par les agents mais également par les usagers. **Il convient de mentionner que le taux de syndicalisation dans le secteur**

1. Décret législatif du 29 février 1993 : tous les nouveaux agents publics sont dorénavant employés par contrat privé conformément aux dispositions du Code civil.

2. Décret législatif n° 80 de 1998.

public atteint près de 78 %. Le rôle des organisations syndicales a contribué très largement à la réussite de cette réforme. Toutefois, sur le terrain, le comportement de certains syndicalistes a pour conséquence une certaine lourdeur dans la mise en œuvre de cette réforme.

Ce personnel public est dorénavant soumis aux **règles de droit commun, identiques à celles du secteur privé.** Les contrats collectifs règlent les relations de travail au sein du secteur public. En cas de litige, le juge ordinaire est compétent pour le régler. L'administration doit désormais respecter les mêmes droits et devoirs qu'un employeur privé.

La négociation comprend deux niveaux. Il s'agit tout d'abord des conventions collectives nationales de secteur. Le second niveau se situe au niveau de l'entreprise. Les conventions à ce niveau cherchent à compléter et appliquer celles du niveau supérieur.

Des négociations collectives au niveau national et des entreprises ont été entérinées. Dans le cadre de ces négociations collectives, l'État est représenté par l'Agence pour la représentation des administrations publiques dans les négociations. Les règles concernant la représentativité des syndicats ont été modifiées afin de réduire la fragmentation syndicale et d'instaurer une plus grande stabilité. Les syndicats et l'Agence pour des administrations publiques dans les négociations avec les syndicats (ARAN), qui suit les directives du ministre de la Fonction publique et plus généralement du gouvernement, négocient ensemble les contrats et les rémunérations des agents publics employés sous contrat privé. Les contrats de travail sont conclus pour quatre ans et les accords concernant les rémunérations pour deux ans.

Les contrats individuels concernent les conditions de travail, les responsabilités, les objectifs et les rémunérations des dirigeants. Ils doivent respecter les contrats nationaux de secteur.

L'accès à la haute fonction publique continue à se faire par le biais du concours. Toutefois, la réforme a prévu la possibilité de recruter des responsables pour les postes de direction parmi des experts n'appartenant pas à la fonction publique ou au sein du secteur privé. La limite est que seuls 5 % des postes peuvent être concernés et ce pour une période fixe et limitée.

Les performances des dirigeants sont définies dans les contrats individuels. Cela a été rendu possible grâce à la délimitation entre les responsabilités des politiques et des dirigeants administratifs.

La responsabilisation des hauts fonctionnaires a été accrue par l'élaboration de codes de conduite et des chartes de service relatifs à la qualité.

Les résultats de la réforme de la fonction publique ont en tout premier lieu concerné **l'assainissement des finances publiques italiennes.** En effet, la conséquence du gel des embauches a été une baisse du nombre des agents publics : ils ne sont plus aujourd'hui que 3,4 millions alors que leur nombre atteignait en 1990 3,6 millions d'agents. Ainsi, la part des dépenses pour les salaires publics est passée de 12,8 % en 1990 à 10,7 % du PIB en 1999. La prévision est qu'elle ne représentera plus que 9,4 % du PIB en 2004.

La modernisation de la fonction publique a été **la réforme clé de l'administration italienne.** Cette réforme de la fonction publique avait pour objectifs : une plus grande flexibilité dans le management, mettre fin aux relations entre le personnel politique et l'administration et apporter une plus grande attention aux usagers.

La simplification des procédures

L'Italie a également voulu « dépoussiérer » ses procédures administratives. De nombreuses dispositions ont été supprimées ou simplifiées. De plus, le gouvernement doit chaque année, pour respecter **le principe de déréglementation et de simplification de l'action administrative,** veiller à la présentation d'un projet de loi pour la déréglementation des normes administratives et la simplification de ces procédures. En 1997, la suppression ou la simplification a touché plus de 200 procédures administratives.

Le but essentiel a consisté à diminuer le poids de l'administration sur la société italienne, notamment pour les entreprises. Sont dorénavant privilégiées les déclarations ou autocertifications plutôt que les documents certifiés ou les autorisations préalables. Il a été également créé **un guichet unique pour les entreprises.** Ce guichet, créé au niveau local, délivre toutes les informations et tous les conseils utiles ; il a également la possibilité de donner toutes les autorisations administratives nécessaires. Au total, ce sont plus de 40 procédures différentes dans lesquelles plusieurs organismes intervenaient qui ont été réunies au sein de ce guichet unique.

La réforme entreprise depuis 1990 a permis à l'Italie de moderniser son État. Son administration fait preuve aujourd'hui d'une plus grande flexibilité dans son organisation. Les fonctions administratives et politiques sont clairement différenciées et une plus grande attention a été apportée aux citoyens, usagers de l'administration. La contrainte budgétaire s'est un peu desserrée[1]. Toutefois, la réforme est loin d'être appliquée à l'ensemble du territoire italien. C'est le cas, par exemple, des guichets uniques. La réforme de la fonction publique et celle

1. Évolution de la dette et de la dépense publiques en Italie :

	1994	1999	2000
Dette publique	124 % du PIB	116,6 %	112 %
Dépense publique	53,9 %	48,3 %	46,7 %

visant à accroître la décentralisation se heurtent à des problèmes culturels et de mentalité qui nécessitent du temps. On constate la reconstitution d'organismes administratifs supprimés par l'intermédiaire des référendums d'abrogation. Le blocage des augmentations automatiques des salaires et la baisse des effectifs sont deux objectifs difficiles à tenir. Enfin, cette réforme ne suscite plus chez les usagers un grand intérêt.

Chapitre II

Clichés et fantasmes autour des Anglais

Après une période d'épanouissement sans précédent de 1945 à 1979, les syndicats britanniques ont été obligés de se réformer par le gouvernement conservateur de Mme Thatcher. Dans le contexte d'une très forte syndicalisation à l'origine de nombreux blocages sur le marché du travail, une nouvelle législation fut mise en place à partir des années 1980, réduisant la puissance syndicale. *Curbing trade unions power*, « réduire le pouvoir des syndicats », est l'un des mots d'ordre de la campagne électorale conservatrice.

En 1979, il y avait plus de 13 millions de syndiqués en Grande-Bretagne. Sur les 13 millions, plus de 12 millions sont regroupés au sein du TUC (Trade Union Congress), ce qui représente 54 % de la population active. Mais lorsque Mme Thatcher décide de s'attaquer aux syndicats, la population est lassée des centaines de grèves à répétition, de la situation économique catastrophique du pays (à la fin des années 1970, la Grande-Bretagne fait partie des pays pauvres de l'Europe communautaire) et de l'impossibilité de faire la moindre réforme sans déclencher des protestations violentes et des grèves sauvages dans les services publics ou dans le privé.

L'une des premières mesures a consisté à limiter les pouvoirs des *wage councils* ou comités sur les salaires qui, depuis 1916, constituaient des sortes de commissions paritaires dans des domaines où la syndicalisation n'était pas trop forte mais où sa capacité de blocage pour des raisons de salaire était énorme. De même, le Burnham Committee qui constituait une instance de consultation, notamment pour décider chaque année des salaires des enseignants, a été supprimé en 1987 par le gouvernement. Dans le cas du General Communications Headquarters (GCHQ), le gouvernement a même interdit aux fonctionnaires qui y travaillaient d'être syndiqués. Des primes ont été payées par le gouvernement pour que les employés démissionnent du syndicat (ceux qui refusaient ont été licenciés).

Dans l'Employment Act de 1980, le droit de grève est restreint et on interdit le *secondary picketing* (piquet de grève sur un lieu autre que celui où la grève a éclaté, ce qui permettait l'extension des conflits) ; de même, les grèves de solidarité *(sympathy strikes)* sont interdites. Un scrutin devient nécessaire dans certains cas avant qu'une grève puisse légalement être déclenchée. Le monopole syndical d'embauche voit son domaine d'application réduit.

La loi Tebbit de 1982 va même plus loin : elle permet d'attaquer en justice et de faire condamner à des dommages-intérêts un syndicat pour un acte illégal qu'il a autorisé ou revendiqué. L'amende peut aller de 10 000 à 250 000 livres. L'employeur peut licencier plus facilement les grévistes.

Malgré la réaction des syndicats qui se réunissent à Wembley en congrès extraordinaire pour protester contre ces mesures, les lois passent et obtiennent même le soutien de l'opinion.

L'Employment Act de 1988 donne aux syndiqués la possibilité de s'adresser aux tribunaux pour empêcher les syndicats d'organiser une grève. Et les syndiqués qui ne feraient pas grève sont protégés contre les mesures de rétorsion que le syndicat risquerait de prendre à leur encontre. Aujourd'hui, un salarié est protégé par la loi s'il veut travailler malgré la décision de grève, franchir un piquet de grève, condamner une action de grève ou refuser de contribuer à un fonds de grève.

Les conséquences de la politique Thatcher, poursuivie par le gouvernement travailliste de Tony Blair, ont été considérables car elles font de la Grande-Bretagne l'un des pays les plus prospères, sinon le plus prospère de l'Europe mais aussi l'un de ceux où les syndicats ont maintenu ou même accru leurs adhérents malgré une chute dramatique du nombre des fonctionnaires.

En effet, le Royaume-Uni a vu son chômage **décroître** en 2002-2003 alors qu'il s'aggravait comme on le sait en France et en Allemagne. Le pourcentage de la population en âge de travailler (15-65 ans) bénéficiant d'un emploi est passé de 65 à 75 % en vingt ans alors qu'il régressait en France de 75 % à 60 %. Et le chômage vient de tomber à 5 % avec 1,47 million alors qu'il atteint plus du double en France.

Pendant ce temps, le nombre de fonctionnaires a chuté de 7,4 millions en 1980 à 5,3 millions, mais le nombre de syndiqués anglais est plus de deux fois supérieur à ce qu'il est en France alors que les populations sont pratiquement égales (58,5 millions en Grande-Bretagne contre 60 en France).

La Grande-Bretagne est une démocratie où l'État représente la nation et où le pouvoir est exercé par ceux qui sont élus et non pas par la rue, où le Parlement, comme on le verra au dernier chapitre, reste le patron de l'administration et n'en a pas abandonné la gestion aux syndicats. Défendre le rôle de l'État et son autorité paie.

Chapitre III

Le « projet Stockholm » ou comment inventer la santé de demain

Les syndicats ont, grâce à leur pragmatisme et l'absence d'idéologie, une place évidente dans chaque réforme de la Suède, qu'il s'agisse d'un gouvernement de droite ou de gauche. Par exemple, le gouvernement actuel (de gauche, mené par Göran Persson) a récemment réuni les dirigeants des entreprises privées, des syndicats et des universitaires afin de trouver des solutions pour renforcer l'entreprenariat, le financement des start-up, la simplification des réglementations et de l'imposition. Les syndicats jouent un rôle actif dans toute réforme qui peut enrichir le pays. C'est pour cela qu'ils sont considérés comme un des acteurs phares de la société civile et de l'avancement du pays.

C'est avec leur concours que la Suède a été l'un des premiers pays à privatiser sa Poste et à lancer l'usage du chèque-éducation, une révolution dans le système éducatif car elle introduit la concurrence entre écoles et oblige les professeurs à se dépasser.

Lorsque les syndicats bloquent pour des questions idéologiques comme les syndicats français, ce qui est assez rare, ils sont rappelés à l'ordre par leurs membres. Tel a été le cas en 2002 lorsque près de 7 membres sur 10 de LO (le plus grand syndicat de Suède rassemblant des salariés du privé et du public) ont voté, lors d'un référendum interne de LO, pour la privatisation des entreprises publiques. Les dirigeants de LO ont dû suivre.

Les deux mots d'ordre de toute discussion sur le syndicalisme suédois sont le pragmatisme et l'innovation. L'important n'a jamais été les idéologies ou les principes : les syndicats n'ont que très, très rarement fait grève. C'est en tant qu'acteur **intégré** dans la société civile et en jouant un rôle **actif** et précurseur que les syndicats sont écoutés en Suède. Ainsi, aucun souhait de baisser l'âge de la retraite (65 ans), d'imposer inutilement les entreprises privées ou de garder à tout prix les monopoles d'État n'a été exprimé. Le slogan suédois a longtemps été : « *work the country out of the crisis* », loin des stupidités des 35 heures et de la retraite à 55 ans...

Mais le meilleur exemple de ce rôle exceptionnel des syndicats est l'exemple des hôpitaux de Stockholm.

« Bienvenue dans le système de santé de l'avenir ! Ou plus précisément, au cœur de l'une des tentatives les plus ambitieuses et intéressantes pour transformer la santé publique dépassée en un network de demain où le consommateur est roi[1]. »

Hommes politiques britanniques, *think-tanks* du Canada, des Pays-Bas et des États-Unis, dont le prestigieux Heritage Foundation[2], directeurs d'hôpitaux danois ou russes, journalistes d'Allemagne ou du Japon n'en croient pas leurs yeux. À Stockholm, une véritable révolution se déroule depuis le début des années 1990.

1. Johan Hjertqvist, *The Health Care Revolution in Stockholm,* Timbro, 2002. Johan Hjertqvist est président du programme *Health in transition* lancé en 1999 par la think-tank suédoise *Timbro.* Ce programme de quatre ans décrira et analysera l'effet de la concurrence dans le secteur de la santé.

2. Voir *Heritage Lectures,* n° 711, du 9 juillet 2001 : *Perspectives on the European Health Care Systems : Some Lessons for America.*

Les files d'attente ne sont dorénavant plus qu'un mauvais souvenir. Les médecins sont actionnaires de leurs propres hôpitaux. L'infructueuse bataille pour une baisse des dépenses de santé n'a plus lieu d'être. En toute discrétion, les Suédois ont inventé la santé de demain.

On se croyait en France...

Imaginons Stockholm il y a quinze ans. La santé, administrée et assurée par l'administration, commence à devenir un souci dans l'État-providence par excellence. La garantie dite de « 90 jours », voulant qu'aucun patient n'attende plus de 3 mois pour une quelconque opération, ne correspond plus à la réalité. Les files d'attente se font de plus en plus longues. Un manque crucial de lits se fait sentir dans les hôpitaux. D'ailleurs, ceux-ci sont de plus en plus déficitaires et n'assurent plus le nombre d'opérations nécessaires. Les finances de l'État ne sont guère meilleures : entre 1971 et 1990 les impôts départementaux, majoritairement réservés à la santé, ont augmenté de plus de 60 %. Paradoxalement, la pénurie d'infirmières et de médecins se fait de plus en plus forte. Ces derniers se sentent de plus en plus isolés dans une administration dont le fonctionnement les dépasse. Les 2 millions de patients de la région de Stockholm ne savent plus à quel saint se vouer.

Bref, les hôpitaux délivrent moins de services pour un coût de plus en plus élevé à des clients de moins en moins satisfaits. Ajoutons à cela le poids du vieillissement de la population et les découvertes technologiques qui témoignent d'un besoin accru de soins dans l'avenir. Réformer devient simplement, comme le disent les hommes politiques aussi bien de droite que de gauche, une « question de vie ou de mort ».

Autrement dit, la situation était celle de la France d'aujourd'hui.

Un esprit neuf

Le « projet Stockholm » est une révolution, ni plus ni moins. Une série de secteurs publics, dont certains établis depuis des dizaine d'années et intimement liés à l'État-providence si cher au cœur des Suédois, ont été entièrement réformés à partir du début des années 1990. Un esprit neuf, en quête d'un « modèle suédois » inédit, a alors ouvert la voie à la privatisation.

En effet, la réforme de la santé n'est qu'un exemple parmi d'autres attirant le regard des hommes politiques du monde entier. Par exemple, les 800 bureaux de poste publics suédois ont été remplacés par 3 100 points de vente assurés par des acteurs privés permettant des économies de 25 millions d'euro par an à l'État. L'école nationale est maintenant en concurrence avec des écoles privées qui doublent leur nombre d'élèves chaque année. L'introduction de la concurrence dans les transports en commun a généré l'économie de 60 millions d'euro, soit 25 % du budget consacré aux transports. Le métro de Stockholm est d'ailleurs dirigé par une entreprise française. Le marché de l'électricité s'est ouvert à une vingtaine de fournisseurs privés. Le système des retraites a été si profondément réformé que même les Américains avouent être impressionnés. Faisons mieux ! Faisons moins cher ! Les slogans des syndicats et des partis politiques de gauche font l'éloge des privatisations. Le pragmatisme scandinave est à l'œuvre.

Une révolution discrète

La révolution dans le secteur de la santé a été discrète. Tout a commencé en 1983 lorsqu'une entreprise privée a ouvert une clinique privée dans le centre de Stockholm. L'idée de ces fondateurs de la clinique Praktikertjänst était de faciliter l'accès aux soins aux salariés ne pouvant se libérer que peu de temps dans la journée. La réaction a été violente. Exposer de manière humiliante l'insuffisance et l'inefficacité des hôpitaux publics, c'était inacceptable ! Pourtant, face au succès de cette clinique, les hommes politiques ont dû entamer une réflexion sérieuse. Une coalition informelle entre partis politiques de droite et de gauche est née à la fin des années 1980 avec une certitude commune : nul retour en arrière n'était plus possible.

Devant ce constat, la révolution de la santé a commencé :

1. Une première mesure est introduite pour diminuer les déficits de la santé suédoise : un paiement par pathologie. Le système, calqué sur celui du *Diagnosis Related Group System* (DRG), des États-Unis, met un prix fixe sur plus de 500 traitements ou pathologies. L'hôpital est ensuite payé *si* et *quand* l'acte est accompli. En 1990, les budgets globaux à l'année ont été remplacés par ce système de compensation pour les actes réalisés, donnant ainsi une incitation à rechercher l'efficacité. **Seule l'introduction de ce système DRG a permis une efficacité accrue immédiate de 19 % dans les hôpitaux de Stockholm**[1].

La mise en place d'un système de DRG augmente non seulement l'efficacité, mais encore l'accès aux soins, puisque les files d'attente sont raccourcies. De nombreuses études le démontrent, en Suède comme aux États-Unis, statistiques à l'appui[2]. D'ailleurs, un site Internet suédois, jugé comme l'un des meilleurs au monde par les visiteurs

1. Johan Hjertqvist, *The Health Care Revolution in Stockholm, op. cit.*
2. Voir, entre autres, les études empiriques de Chalkey et Malcolmson, « Government Purchasing of Health Services » in *Handbook of Health Economics*, Culyer & Newhouse.

américains, publie en permanence les listes d'attente pour l'accès à une vingtaine de traitements[1]. **Ainsi, le patient/client peut constater, en ligne, que l'obtention d'un appareil auditif prend quatre semaines à Stockholm et un an ailleurs en Suède, que l'attente pour une opération du genou est de dix à douze semaines à Stockholm et jusqu'à deux ans en province**, etc. Le patient est ensuite libre d'aller vers l'hôpital de son choix.

2. Deuxième étape, l'introduction de la concurrence a bouleversé le système de santé à Stockholm. Après avoir appliqué le système DRG, il était plus facile aux autorités de transformer les hôpitaux en de véritables entreprises publiques. Ces hôpitaux sont ainsi soumis au *benchmarking* (évaluation comparative de prestations identifiées), qu'ils restent gérés par l'État ou qu'ils passent sous la gestion d'acteurs privés.

Ces bienfaits de la concurrence entre le public et le privé dans la santé sont clairement démontrés dans des études réalisées aux États-Unis. Les hôpitaux soumis à la concurrence enregistrent une efficacité accrue, qu'ils soient à but non lucratif (soit 85 % des hôpitaux aux États-Unis, dont 20 % publics et 65 % privés financés par des fondations), ou qu'ils permettent une marge de gain. **La productivité des hôpitaux des deux catégories se rapproche dans ce contexte concurrentiel[2]. Ainsi, les hôpitaux publics, comme les hôpitaux à but lucratif, ont tout à gagner à agir sous la pression de la concurrence.** À Stockholm, entre 1996 et 1998, l'effi-

1. L'adresse du site : www.vardguiden.nu

2. Mobely et Bradford, « Behavioural Differences Among Hospitals : it is Ownership or Location ? », *Applied Economics*, vol. 29, 1125-1138. Voir également Johan Hjertqvist. *Competition in Emergency Healthcare*, Atlantic Institute for Market Studies (AIMS est une think-tank canadienne), décembre 2001.

cacité accrue a également permis une augmentation de salaire de 17 % des infirmières !

3. Troisième et dernière étape, les hôpitaux privatisés peuvent être transformés en entreprises dont les employés sont actionnaires. **À l'hôpital de Nacka, 110 des 200 employés sont actionnaires de l'entreprise.** La majorité des actionnaires détiennent une seule action d'une valeur de 100 euro, avec obligation de la vendre lorsque l'employé quitte l'entreprise. La plupart de ces hôpitaux appartenant aux employés sont de petite ou moyenne taille, l'hôpital Ouest fait exception avec un budget annuel de 20 millions d'euro.

Ainsi, 23 % des soins à Stockholm, l'équivalent d'un budget de 600 millions d'euro, étaient administrés par des acteurs privés en 2001. La part des investissements privés allait de 7 % (soins psychiatriques) à 79 % (transports en ambulance).

Cependant, il faut souligner que la santé reste financée par les impôts à Stockholm. La révolution ne sera complète que lorsque le financement sera libéré. Allant dans ce sens, la réflexion est entamée sur un panier sécuritaire, où chaque individu sera libre de compléter les soins minima financés par l'État avec les assurances qu'il entend. D'autres mesures viendront probablement compléter les étapes déjà franchies.

Une incitation à la création d'emploi

Désormais, la santé n'est plus considérée uniquement comme un secteur de dépenses mais également comme un secteur de création d'emplois. La santé emploie à Stockholm autant de salariés que le secteur de l'industrie, soit 15 % de la masse salariale. En 2002, les soins et les médicaments atteignent à eux seuls plus de 7 milliards d'euro, avec une croissance annuelle de 9 %. La part de la santé dans le PIB augmentera sans cesse.

La création d'entreprises et d'emplois générée par le « projet Stockholm » est importante. L'exemple de Sept Sœurs, clinique créée en 1994, incarne parfaitement l'ouverture aux initiatives privées. Ayant quitté le secteur public pour lancer sa clinique, Eva Trillkott, la directrice, a pu constater un dynamisme qu'elle n'avait jamais vu auparavant dans la santé publique. L'efficacité de cette clinique est supérieure de 20 % à ses concurrentes du public et ses salariés sont mieux payés. De surcroît, sa clinique peut employer autant d'infirmières, aides soignantes et médecins que nécessaire, sans demander l'avis de quiconque.

« Aujourd'hui, nous contrôlons notre budget. Aucun bureaucrate loin de la réalité des choses ne peut nous imposer quoi que ce soit. Nous décidons. Si nous avons envie d'employer davantage de médecins, nous le faisons. Notre profession est bien plus valorisée aujourd'hui[1]. »

Cette expérience n'est pas unique. Les 100 unités créées au début des années 1990 sont toutes actives en 2002. Aujourd'hui, 100 autres sont prêtes à démarrer. C'est une évolution qui a tout pour durer : une infirmière sur trois exprime, dans un sondage récent, le souhait d'ouvrir une clinique privée. Les médecins leur donnent raison : **un médecin sur deux ne veut pas ou plus travailler pour un hôpital public**.

Le pragmatisme des syndicats

Le pragmatisme est au cœur du « projet Stockholm ». Les idéologies se sont effacées devant les réalités.

1. Eva Trillkott, citée dans Johan Hjertqvist, *When the Employee Takes Over*. Article publié par Atlantic Institute for Market Studies (AIMS), février 2002.

Médecins, infirmières et aides soignantes ne parlent plus que d'une seule voix, celle de la privatisation. Un référendum du 18 mars 2002 au sein du syndicat LO, Landsorganisationen, qui rassemble 85 % des salariés suédois, montre bien l'engouement massif pour la privatisation[1]. Sept salariés sur dix sont favorables à une privatisation entière ou partielle des secteurs publics tels que l'éducation et la santé. Difficile pour le gouvernement de reculer face à un tel consensus.

Le syndicat des infirmières, rassemblant 120 000 membres du privé et du public, est l'un des piliers du « projet Stockholm ». Eva Fernvall, la directrice du syndicat, a expliqué les avantages très concrets de la privatisation dans la presse suédoise, utilisant des slogans comme « Laissons le marché diriger la santé » ! Cette célèbre syndicaliste fait l'éloge du choix du client, des structures administratives allégées, de la liberté pour les employés et d'une incitation aux créations d'entreprises !

Eva Fernvall a clairement exposé les avantages du « projet Stockholm » avec quatre autres syndicats actifs de la santé, des entreprises privées et le syndicat national de l'industrie. La possibilité d'obtenir les mêmes soins pour un prix inférieur, qu'ils soient administrés par un hôpital public ou privé, est jugée positive pour la société tout comme l'efficacité qu'apporte la concurrence. Quand, ensuite, la santé peut être libérée des « interférences politiques insignifiantes », le professionnalisme prend sa vraie place. La valorisation des médecins, infirmières et aides soignantes se renforce grâce à ce retrait du politique. De surcroît, libérer et responsabiliser les professionnels de santé leur permet d'aller plus loin et de construire leurs propres hôpitaux ou cliniques. Ces avantages généraux sont accompagnés d'une hausse

1. Référendum basé sur *Solidaritet och valfrihet i välfärden*, Rapport au congrès de Kommunal, filiale de LO, 2001.

considérable des salaires, trois fois plus forte que dans le secteur public. Voilà de quoi convaincre les syndicats.

C'est ce pragmatisme qui permet à Eva Fernvall de déclarer qu'aujourd'hui « il y a un besoin accru de flexibilité, de pensées entrepreneuriales et de voies nouvelles pour laisser le libre champ à l'offre et la demande étouffées depuis trop longtemps[1] ».

Une leçon pour la France ?

Les conseillers de Tony Blair ont trouvé dans le « projet Stockholm » un bon exemple à suivre pour réformer leur National Health Service (NHS) qui, depuis son introduction en 1948, ne satisfait ni les patients ni les hommes politiques. Les Canadiens, eux, trouvent une alternative à leur système d'offre restreinte pour limiter les dépenses, un système qui a produit de nombreuses pénuries. L'Italie est sur le point d'introduire une régionalisation de même nature que celle dont bénéficie la ville de Stockholm.

À l'heure où le fameux « trou » de la Sécurité sociale dépasse 5 milliards d'euro et où la Cour des comptes dénonce l'opacité de la gestion des hôpitaux, il est temps que la France regarde au-delà de ses frontières pour trouver des réponses. Quelles leçons pour la France ?

1. Il est **impératif de réformer le financement des hôpitaux et des cliniques en France**. L'adoption à Stockholm du système DRG a été cruciale. La tarification par pathologie représente une avancée pragmatique vers l'efficacité et ouvre la porte à la concurrence, la transparence et le *benchmarking* des hôpitaux et des cliniques. En France, il est urgent d'homogénéiser les paiements des hôpitaux (actuellement dotés d'un budget global) et des cliniques

1. Eva Fernvall dans *Dagens Nyheter*, le premier quotidien suédois, le 25 novembre 1997.

(payées à l'acte), en instaurant la tarification par pathologie.

2. **La régionalisation donne une plus grande marge de manœuvre, permettant des projets pilotes.** Le « projet Stockholm » est l'exemple parfait d'un système de santé d'en bas où le département est libre et responsable de la santé. La France aurait tout à gagner dans cette réelle régionalisation, qui a été très tardivement et partiellement introduite avec, entre autres, l'établissement des Agences régionales de la santé (ARS).

3. Au-delà des idéologies, il faudrait entamer **un débat pragmatique mettant en évidence les avantages de la privatisation.** Le « projet Stockholm » nous montre que les syndicats, aussi invraisemblable que cela puisse paraître à certains, auraient tout à gagner à la concurrence dans le secteur de la santé. Une revalorisation des métiers de la santé, une augmentation des salaires et une influence accrue sur les décisions qui concernent les employés ne correspondent-elles pas aux demandes des syndicats ?

4. Il faudrait, en France, **cesser de réfléchir à la santé uniquement comme un secteur de dépenses.** L'expérience suédoise nous montre comment ouvrir la santé à la création d'entreprises et l'incitation aux initiatives des infirmières, d'aides soignantes et de médecins. Faute d'aller dans cette direction, la France manquera sensiblement de moyens pour soigner sa population vieillissante.

Décidément, le « projet Stockholm » bouscule les idées reçues des hommes politiques, journalistes et directeurs d'hôpitaux du monde entier.

Cinquième partie

Que faire ?

Que faire pour revenir en démocratie et que la nation et l'État ne soient plus les otages d'un petit groupe d'individus sans scrupule ?

La première tentation est d'utiliser nos tribunaux pour exiger réparation au titre de la responsabilité civile, celle qu'encourt tout citoyen lorsqu'il porte dommage à autrui. C'est ce que certains tentent et c'est ce que nous examinerons dans un premier chapitre, mais nous verrons rapidement les limites d'une telle approche faute de textes législatifs limitant le droit de grève.

Descendre dans la rue comme beaucoup l'ont fait le 25 mai et le 15 juin 2003 à l'appel d'un certain nombre d'associations dont Liberté, j'écris ton nom ? Il est indispensable que l'opinion et les médias réalisent qu'il existe une France silencieuse qui n'est pas d'accord avec les grèves. Mais cette France silencieuse est une France qui travaille et, à ce petit jeu, elle est perdante car elle n'a pas de salariés payés par le budget public de l'État ou des collectivités locales pour défiler dans les rues.

À ce stade, pour pouvoir réagir efficacement, il faut d'abord comprendre que la dictature des syndicats n'est pas un phénomène sui generis, isolé ; il fait partie d'un tout et n'est qu'une manifestation de la décomposition de notre fonction publique et de l'anarchie qui s'en est progressivement emparée durant les trente dernières années.

À partir de ce constat, il faut s'interroger sur ses causes car c'est là que se situe le mal et c'est là qu'il faut agir.

Nous essayerons de montrer que la racine de la puissance des syndicats et de la faiblesse de l'État réside dans la concentration des pouvoirs qu'a réalisée la Constitution de 1958 sur l'exécutif, de la quasi-disparition du législatif comme pouvoir effectif alors que le Parlement est le seul organe qui peut servir de patron à l'administration.

C'est cette vacance de responsabilité du Parlement qui est à la source de l'anarchie et c'est dans le vide que crée cette vacance que se sont engouffrés les syndicats.

Sortir de la dictature des syndicats impose d'abord de rendre au Parlement les responsabilités qu'il n'assume plus.

Chapitre I

Demander réparation aux syndicats

Certains ont tenté des actions en réparation devant les tribunaux judiciaires[1] mais on peut s'interroger sur les chances de succès de telles plaintes.

Tout d'abord, un tribunal aura quelque difficulté à pénaliser des grévistes dont la manifestation est légale et respecte la loi puisque ce droit leur est reconnu par le préambule de la Constitution de 1946, repris dans celui de 1958.

C'est qu'en France, à la différence de beaucoup de pays étrangers, les textes régissant le droit de grève sont très peu nombreux et très peu limitatifs. Sorti de quelques obligations telles que le préavis (qui est tourné par le dépôt, à l'avance, chaque jour de préavis permettant de débuter à tout moment) ou l'interdiction de quelques formes telles que grève perlée, grève du zèle que la jurisprudence considère le plus souvent comme une forme pervertie du droit et donc illégale, aucun obstacle ne se présente devant les grévistes.

---

1. Voir l'action introduite par Pierre Alfonsi, président de l'Union des métiers et industries de l'hôtellerie (UMIH) d'Aix-en-Provence : plainte contre X, en fait contre la CGT spectacle, qui a interdit en juillet 2003 la tenue du festival d'Aix.

On pourrait penser à utiliser le célèbre article 1382 du Code civil qui veut que chacun soit responsable des dommages créés à autrui pour rendre responsables les syndicats de toutes ces faillites et ces existences détruites. Mais, légalement, ce ne sont pas les syndicats qui sont responsables des dommages, ce sont les prestataires de service, La Poste (qui d'ailleurs se précipite pour indemniser ses gros clients à la suite d'une grève, plus rarement les petits), la SNCF ou la RATP. Cela n'arrêtera pas les salariés grévistes qui, eux, ont légalement le droit d'interrompre leur contrat de travail.

Et quand bien même la SNCF devrait payer, en définitive qui supporte le coût ? Comme les responsables sont les services publics qui sont tous en déficit, ce sont les citoyens contribuables, pas les grévistes, encore moins leurs leaders syndicaux.

Et, là, nous nous trouvons au cœur d'un énorme paradoxe : ce sont les citoyens qui, à travers les multiples subventions et personnels mis à disposition[1], paient les syndicats pour leur permettre de continuer à détruire le fruit du labeur de leurs généreux donateurs...

Or la responsabilité civile des syndicats est extrêmement difficile à mettre en œuvre.

Déjà, en 1982, la loi Auroux (loi du 28 octobre 1982) avait été votée avec un article 8 qui interdisait toute réparation des dommages causés par les organisations syndicales à l'occasion de l'exercice du droit de grève ou du droit syndical.

Le Conseil constitutionnel, par sa décision du 22 octobre 1982, déclara cet article non conforme à la Constitution, car contraire au principe d'égalité : certaines personnes auraient été exclues de tout droit à réparation.

1. Voir première partie, chapitre 3.

Dans cette décision, le Conseil constitutionnel avait suggéré que le législateur détermine les limites des comportements licites et fautifs en matière de droit de grève et qu'il fixe, le cas échéant, un régime spécial de réparation. Cela n'a pas été fait.

Le régime de responsabilité des syndicats au titre des faits de grève ou de l'exercice du droit syndical reste donc largement jurisprudentiel. Le problème est que la jurisprudence de la chambre sociale de la Cour de cassation est demeurée trop timide en ce domaine, ou même a évolué dans un sens de plus en plus défavorable à la mise en jeu de la responsabilité civile des syndicats. C'est notamment le cas pour ce qui concerne la grève :

– Depuis un arrêt du 19 novembre 1996, il n'est plus nécessaire, pour que la grève soit régulière, que l'employeur ait au préalable rejeté les revendications.

– La responsabilité d'un syndicat peut être recherchée pour violation des dispositions d'une convention collective mais par un arrêt du 7 juin 1995, la Cour de cassation a considéré qu'une disposition d'une convention collective aménageant l'exercice du droit de grève était irrégulière : il n'est donc pas possible dans ce cas de mettre en jeu la responsabilité du syndicat qui ne respecterait pas une telle clause.

– La mise en jeu de la responsabilité pour faute est possible, mais on exige en général qu'il y ait eu une faute lourde.

– La mise en jeu de la responsabilité syndicale pour faute en cas de grève n'est pas possible au titre de l'article 1384 alinéa 5 du Code civil (responsabilité des commettants), car le droit de grève est un droit individuel du salarié (arrêt du 9 novembre 1982, Trailor et Dubigeon-Normandie). Il faut que le syndicat ait commis une faute en son nom propre, par exemple en incitant ses membres à commettre un acte illicite au cours d'une grève ou en organisant un mouvement illicite.

– La triple preuve d'une faute personnelle du syndicat, d'un préjudice imputable à celui-ci et de l'existence d'un lien de causalité entre la faute et le préjudice est en pratique difficile à établir en matière de grève.

– Les tiers lésés par l'effet de la grève peuvent demander réparation mais seulement à l'employeur (à charge pour ce dernier d'intenter, le cas échéant, une action contre les grévistes ou les syndicats).

On peut penser à un certain nombre de pistes ; par exemple :

– Pourquoi ne pas chercher à préciser par la loi le cadre licite de la grève, comme le Conseil constitutionnel avait invité le Parlement à le faire dès 1982 (il y a plus de vingt ans !) ?

– Pourquoi, à cette occasion, la loi ne donnerait-elle pas explicitement à la convention collective la possibilité de réglementer l'exercice de la grève, dans des formes et dans des limites fixées par le législateur ? Cela aurait l'avantage de la souplesse, cela permettrait d'éviter de mettre une nouvelle fois l'État en première ligne ; cela faciliterait ipso facto l'exercice éventuel de la mise en jeu de la responsabilité des syndicats signataires.

– Que les victimes des pratiques syndicales agissent collectivement (par toutes formes appropriées mais pas besoin pour cela de développer des *class actions*[1] sur le modèle américain, pratique aux conséquences souvent regrettables) pour faire évoluer la jurisprudence. On peut croire aux vertus du grignotage juridique, technique d'ailleurs très bien maîtrisée aujourd'hui par les syndicalistes et leurs amis.

– Pourquoi ne pas autoriser expressément les éventuelles victimes indirectes des pratiques syndicales (non-grévistes, clients ou fournisseurs...) à réclamer directement

1. Actions judiciaires collectives autorisées aux États-Unis.

aux syndicats (ou aux syndicalistes, ou aux grévistes) la réparation du préjudice subi ?

– Pourquoi ne pas permettre à des associations de défense contre les abus syndicaux de se constituer partie civile dans les affaires où de tels abus seraient en cause ?

Mais s'il est indispensable de limiter le droit de grève de façon à davantage tenir compte des victimes, surtout lorsque les responsables sont les services publics, ces services dont on doit se demander s'ils ont droit au droit de grève compte tenu des avantages que la collectivité leur accorde, il faut se rendre compte que toute loi restera vaine si la puissance publique est incapable d'exercer une sanction.

Et manifestement, la sanction se trouve au niveau du portefeuille, solution d'autant plus facile à mettre en œuvre par l'État et ses représentants que ce sont eux qui assurent la plus grande partie du financement syndical. C'est au Parlement qu'il revient de mettre fin à la dictature ; en effet, il a seul le pouvoir de voter une loi obligeant les syndicats à tenir des comptes comme tous les autres organismes créés par la loi, et à les rendre publics.

Rien ne sert de créer un énième organisme de contrôle, dont les Français raffolent mais qui ne contrôle rien car il y a trop à faire. En obligeant les syndicats – comme le font les associations – à publier leurs comptes sous la responsabilité de professionnels et sous le regard de l'opinion, on améliorerait déjà la situation. On ne peut, avec un ou deux organismes centraux comme la Cour des comptes ou même les 23 chambres des comptes régionales, contrôler des milliers d'organismes. Les Américains, beaucoup plus pragmatiques, obligent seulement tout organisme à but non lucratif à publier ses recettes et l'affectation de ses dépenses et demandent au public, aux concurrents, de dénoncer les abus. D'ailleurs, c'est ce que nous exigeons en France de toutes nos sociétés commerciales qui doivent régulièrement déposer leurs comptes au greffe du tribunal local. Si la mystique de la Libération attribuait encore aux organisations collectives telles que les associations ou les syndicats une aura de pureté et d'angélisme, il y a longtemps que le voile est tombé et que les Français savent que leurs administrations ne se comportent pas différemment de leurs entreprises : elles travaillent d'abord pour elles-mêmes avant de travailler pour les autres, et cet essai les aura convaincus que les syndicats ne sont pas dirigés par des anges ou des ascètes adeptes de la générosité à l'égard d'autrui.

Nos sociétés sont devenues trop interdépendantes pour que la transparence s'impose à certains et pas à d'autres.

L'obligation de la tenue des comptes et de leurs publications permettant au public de savoir d'où viennent les ressources des syndicats et leur affectation est la première étape, indispensable.

En effet, s'il est nécessaire de réglementer davantage le droit de grève dans les services publics – et la proposition du député Kossowski de service garanti dans les transports en est un bon exemple –, encore faut-il donner à l'État les moyens de faire respecter une telle réglementation. Et comme notre État n'ira pas jusqu'à faire donner la troupe et que ce n'est pas souhaitable, il faut pouvoir faire mal là où cela fait mal pour tous les citoyens : au portefeuille.

Une loi réglementant la tenue de leur comptabilité et leur publication est donc impérative. Cela permettrait alors au citoyen de se battre avec des moyens moins inégaux contre les abus de grève dans les services publics.

Chapitre II

L'anarchie dans l'État

Il n'y a rien de plus déprimant pour quelqu'un qui a cru dans la mission de la fonction publique que de lire le rapport annuel de la Cour des comptes. Qu'y trouve-t-on en effet ? Des études présentant des alternatives permettant de rendre plus efficace la dépense publique ? La mesure de cette efficacité, des comparaisons avec les performances des services publics étrangers ? L'édification d'indices permettant de mesurer ces performances, ce qui n'est pas facile puisqu'il n'existe pas dans la fonction publique la notion bien commode – bien qu'insuffisante – de profit ?

Non, on y trouve des histoires de malfaiteurs : comment ses propres fonctionnaires volent l'État et on y trouve à peu près seulement cela.

On pourra dire que, bien sûr, c'est la vocation même de la Cour de dénoncer les vols puisqu'elle est un organisme judiciaire chargé de contrôler la régularité de la dépense. Mais les histoires que dévoilent la Cour ne sont pas celles de quelques comptables égarés, partis avec la caisse, ce qui est en effet son rôle premier d'investigation. De cela le rapport public ne parle même pas.

Ce dont il parle, ce sont des hold-up massifs, effectués avec la complicité des ministres, en contravention absolue des règles et des lois que les prédécesseurs de ces ministres ont fait voter. À lire ces rapports mais aussi à vivre la pratique journalière, on peut même dire que la première préoccupation des ministres et des hauts fonctionnaires est de savoir comment tourner la loi pour permettre le versement de traitements qui ne sont pas autorisés par la grille de la fonction publique ou d'augmentations qui n'ont pas pu être attribuées officiellement.

L'examen est particulièrement dramatique lorsqu'on pénètre dans le saint des saints, le ministère des Finances, celui qui devrait être le gardien de l'argent public.

Si la lecture du rapport de la Cour est déprimant, c'est cependant grâce à lui que l'on commence à savoir ce que sont réellement les traitements dans la fonction publique, secret que Pierre Mauroy avait gardé dans un coffre (rapport Blanchard) et que le ministre Arthuis n'avait pu faire lever pour les hauts fonctionnaires qu'après six mois de bataille et seulement sur du papier non photocopiable.

Résumons les points que dévoilait le rapport de la Cour des comptes de l'an 2000[1].

1. Les agents du MEFI au-dessus des lois

« La règle selon laquelle une indemnité ne peut être instituée que par une loi ou un décret n'est pas respectée au ministère des Finances. [...] Sur une cinquantaine d'indemnités ou régimes indemnitaires spécifiques servis aux agents des services déconcentrés du Trésor, moins d'**une dizaine a été instituée ou validée par une loi ou un décret. [...]** »

Au total, plus de 70 % des indemnités ou régimes indemnitaires au ministère des Finances sont sans base réglementaire ou législative.

« En ce qui concerne les agents de la **direction générale des Impôts** (DGI), la situation est encore plus claire puisque aucune **indemnité spécifique, à l'exception de**

1. La liste suivante est extraite des *Profiteurs de l'État*, Plon, 2001.

celles versées aux agents des hypothèques et du cadastre, n'a un fondement convenable. »

Il faut ajouter que jusqu'en 1998, les primes versées l'étaient hors budget, à partir de recettes provenant essentiellement de fonds de concours (par exemple la commission prélevée autoritairement par le ministère des Finances sur les collectivités locales pour collecter leurs impôts), ce qui est absolument illégal et contraire aux principes mêmes de la Comptabilité publique que le ministère est supposé faire respecter. **C'est comme cela que l'on a découvert que le ministère s'adjugeait à lui-même des primes supérieures en moyenne à 30 % des traitements alors que la moyenne des primes dans la fonction publique tourne autour de 16 %.**

2. Des personnels largement entretenus par un système de primes énormes

« Indépendamment des avantages fiscaux et des avantages de retraite, les régimes de rémunérations accessoires des services déconcentrés de la DGI, du Trésor apparaissent globalement favorables, comparés à ceux des autres administrations. »

Ce que le rapport de la Cour des comptes révèle enfin, c'est ce que beaucoup supposaient : les traitements réels n'ont pas grand-chose à voir avec les traitements annoncés, ceux dont se servent les fonctionnaires et les syndicats pour crier misère.

Pour au moins les postes les plus élevés, les traitements sont souvent doublés par le jeu des primes.

3. Sans compter des exemptions d'impôts concédées aux personnels et sans aucun fondement légal... !

Les comptables non centralisateurs bénéficient ainsi « d'un abattement de 50 % [sur les sommes soumises à l'IRPP]. [...] En 1997, le montant des rémunérations extra-budgétaires non fiscalisées qui leur ont été versées s'élève à 23,2 millions soit environ 7 % du total des rémunérations accessoires extrabudgétaires des trésoriers principaux, des receveurs-percepteurs et des inspecteurs chefs de poste ». **Soit un supplément de salaire de l'ordre de 18 % du fait que ces rémunérations ne sont soumises ni à charges ni à impôts.**

Les receveurs des impôts de la DGI « bénéficient d'un abattement de 20 % sur leur complément indemnitaire, dans une limite de 50 000 francs qui est atteinte par les receveurs divisionnaires, alors que leur indemnité de responsabilité n'est déjà pas imposable. Ces exonérations ont atteint environ 52 000 francs pour un receveur principal de première classe ». **Soit l'équivalent de l'ordre de 125 000 francs avant impôt et charges sociales.**

4. La procédure de contrôle financier est inopérante

« Au sein du ministère des Finances, la procédure de contrôle financier existe bien mais elle est inopérante : d'une part, tous les actes de gestion qui devraient l'être ne sont pas soumis au contrôleur ; d'autre part, celui-ci n'applique pas la procédure de refus de visa aux décisions irrégulières, de sorte qu'il n'y a pas non plus de demande formelle de passer outre de la part des services ordonnateurs, seule la garantie de la bonne information et de l'accord exprès du ministre. »

5. De graves carences dans le suivi des effectifs réels

« Selon les tableaux d'emplois, moins d'une dizaine d'agents des services centraux de la DGI devraient être en fonction dans les services centraux de la direction. En fait, ils étaient environ 1 680 au 1er janvier 1998. Dans le cas des personnels du Trésor public, le budget 1997 prévoyait 666 emplois dans les services centraux – principalement de contrôleur (628) – alors que l'effectif réel en fonction au 31 décembre, exprimé en équivalent temps plein, était de 1 304,9. »

6. Défaillance du système de comptabilité des effectifs

Paradoxalement, même la direction générale de la Comptabilité publique, dont les services assurent la paie de la plupart des agents de l'État, n'utilise pas les fichiers de paie pour suivre ses propres effectifs de personnel. Plusieurs systèmes d'informations parallèles coexistent, sans donner lieu à des rapprochements. L'application informatique de gestion administrative des personnels (GAP) n'est d'ailleurs pas non plus utilisée pour le suivi des effectifs.

7. Des effectifs qui disparaissent

L'absence d'inscription d'emplois budgétaires pour l'embauche d'agents contractuels à durée déterminée, dits rémunérés « sur crédits », n'est pas propre au budget des services financiers. Pour les services déconcentrés du Trésor public, elle soustrait des tableaux d'emploi l'équivalent d'environ 1 200 emplois budgétaires d'agents à temps plein, occupés, pour une centaine d'entre eux, par des personnels employés à temps complet (des gardiens).

8. Des promotions pour résorber les sureffectifs de la DGI

Ou comment la DGI a réussi à résorber les surnombres par le biais de « promotions préférentielles, hors norme et non affichées ».

« Depuis la fin des années 1970, le ministère des Finances a fait bénéficier ses personnels de mesures de promotion, annuelles ou pluriannuelles, dérogatoires par rapport, à la fois, au droit commun des statuts de la fonction publique et aux mesures générales applicables à l'ensemble des personnels de l'État. Ces plans successifs, strictement internes au ministère, n'ont jamais fait l'objet d'une information à l'extérieur du ministère. »

9. Avantages de retraite

« En application du décret-loi de 1936, le traitement de référence n'est pas celui de l'indice statutaire, mais celui qui sert de base à la cotisation de pension. Or, nombreux sont les agents qui bénéficient d'un indice-pension supérieur, ce qui a pour conséquence de rehausser significativement le montant des rémunérations susceptibles d'être allouées. C'est notamment le cas pour les comptables supérieurs.

Pour les comptables de la DGI (receveurs divisionnaires et certains receveurs principaux de première classe), le fondement juridique du bénéfice de la surindexation est devenu caduc : depuis un arrêté du 10 janvier 1996, leur rémunération est forfaitisée et ne répond donc plus aux conditions posées par l'article L. 62 du code des pensions. En réalité, la caducité est même antérieure, puisque leurs rémunérations ne variaient déjà plus depuis un certain temps. [...] »

10. Faites ce que je dis, pas ce que je fais

« Les produits liés à la collecte de l'épargne excédant le plafond du cumul, au lieu d'être reversés au budget de l'État, sont en grande partie "mutualisés" sur un compte de tiers, ce qui permet de financer divers régimes indemnitaires au bénéfice des agents du Trésor public. »

Ces termes sibyllins signifient qu'au lieu de verser certaines ressources au budget général où elles sont fondues dans la masse et ensuite redistribuées suivant les décisions de l'Assemblée nationale – c'est le principe fondamental de l'unité budgétaire –, les Finances détournent ces ressources pour les affecter directement au paiement de ses agents. En comptabilité, cela s'appelle un détournement de fonds. Et ce sont ces gens-là qui font crever des milliers de petits entrepreneurs chaque année, sous prétexte qu'ils auraient détourné des fonds des entreprises qui leur appartiennent[1]. Il est difficile d'imaginer pire dans l'horreur et l'hypocrisie.

Depuis l'an 2000, une grande partie de ces vols ont été légalisés. Entendons-nous : l'infraction n'a pas été supprimée, elle a simplement été régularisée par un texte qui la légitimise.

Mais avant de voir les résultats de cette légitimation, commençons par picorer dans le rapport public 2002 ce que la Cour avait omis en 2000, ou ce qu'elle a découvert depuis.

« En outre, des libertés ont été prises avec la règle de droit. Ainsi en est-il allé du maintien, voire de la nomination à cette occasion, dans un emploi fonctionnel de sous-directeur ou de chef de service, d'agents mis en réalité à la disposition d'un cabinet ministériel[2]. »

« S'agissant des rémunérations principales, des "surindications" occultes ont bénéficié à certains chefs de service (les responsables d'un service autonome) mais aussi à des contrôleurs d'État et à des contrôleurs financiers [...]. Dans les annexes explicatives au projet de loi de finances transmises au Parlement, pourtant à valeur législative, l'échelonnement indiciaire des emplois en cause était inférieur à celui effectivement pratiqué[3]. »

« Une grande opacité a jusqu'à présent caractérisé la présentation budgétaire des crédits indemnitaires [...] Les dotations sont globalisées dans un chapitre "réservoir" sans autre détail[4]... »

« Tout aussi irrégulier – et également propre au ministère, à tout le moins par son ampleur – est le système des

1. Voir troisième partie, chapitre III.
2. Rapport public de la Cour des comptes 2002, p. 51.
3. *Ibid.*, p. 53.
4. *Ibid.*

“allocations de maintien de rémunération” [...] Il maintient leurs rémunérations antérieures, après leurs fins de fonction, aux directeurs d’administration centrale et aux directeurs de cabinet, dès lors qu’ils restent au ministère [...] Les montants concernés ne sont pas négligeables : ils dépassent souvent 15 000 euro, voire 30 000 euro par an, généralement sans limitation de durée.

Cette reconnaissance, en voie d’extension, de “droits acquis” aux traitements et indemnités pour les plus hauts cadres est critiquable tant en raison de son irrégularité que de son opacité et de son effet systématique de situation acquise[1]. »

Quittons les derniers constats d’illégalité de la Cour pour examiner maintenant ce qu’il en est des « indemnités » ou « primes » dont la plupart sont maintenant légales puisque régularisées (voir tableau page suivante).

Les agents de la Comptabilité publique et de la direction générale des Impôts, qui constituent le gros des effectifs du ministère des Finances, supportent une cotisation retraite plus faible que dans le privé, et sont, bien évidemment, exonérés de l’assurance chômage et des cotisations pour les retraites complémentaires.

En fait, pour l’agent des Impôts, les charges sont remplacées par les... primes : indemnité de résidence, remboursement des frais de transport domicile–travail, des frais de déplacement (même si notre agent n’a pas de missions ailleurs qu’à son bureau), prime de rendement, indemnité de technicité, indemnité d’administration et de technicité, allocations complémentaires fonctions.

1. *Ibid.*, p. 54.

Une grande diversité de primes (Certaines ont été fondues dans d'autres mais les montants sont restés les mêmes)				
Nom de la prime	**Bénéficiaires**	**Taux**	**Charges**	**Remarques**
Indemnités forfaitaires de déplacement dans le département (IFDD)	Tous les agents occupant un emploi qui nécessite, « en principe », des déplacements fréquents	En fonction des points. À partir de 100 euro par mois	Non. La prime n'est pas soumise à l'impôt sur le revenu, ni aux diverses contributions sociales	En fait, cette prime est touchée par tous les agents, qu'ils se déplacent ou non
Indemnités horaires pour travaux supplémentaires	Neuf catégories d'agents	En moyenne 35 euro par mois	Pas de cotisations Sécurité sociale	Difficile de savoir ce que les agents comprennent par « travaux supplémentaires ». Elle est versée tous les trimestres
Indemnités forfaitaires pour sujétions spéciales	La plupart des agents à l'exception des directeurs divisionnaires	De 30 à 90 euro par mois	Soumise aux charges sociales et à l'impôt	Cette prime est revalorisée tous les deux ans
Indemnité d'éloignement des départements d'outre-mer	Les agents dont le précédent domicile était distant à plus de 3 000 km du lieu d'exercice	La prime est égale à 12 mois de traitement brut payable en trois fractions	Soumise aux charges sociales et à l'impôt	
Complément indemnitaire aux personnels stagiaires de catégorie A	Inspecteurs-élèves issus du concours externe pendant leur formation initiale théorique	1 657,57 euro par an	Soumise aux charges sociales et à l'impôt	

Nom de la prime	Bénéficiaires	Taux	Charges	Remarques
Complément indemnitaire pour sujétions particulières au profit des agents de Saint-Martin	Agents des administrations financières (Saint-Martin)	De 183 à 460 euro par mois	Soumise aux charges et à l'impôt	
Indemnité compensatoire pour frais de transport au profit des personnels de l'État en Corse	Agents des catégories A, B, C	942,44 euro par an	Non soumise à l'impôt sur le revenu	Le montant annuel est porté à 1 056,01 euro lorsque le conjoint « ne perçoit pas cette indemnité » *(sic !)*
Indemnité pour difficultés administratives d'Alsace et de Lorraine	Agents titulaires, auxiliaires et contractuels	De 21,95 euro par an à 36,59 euro par an	Non soumise à l'impôt sur le revenu	Il est difficile de savoir quelles sont les difficultés administratives
Indemnité exceptionnelle de mutation	Agents mutés ou déplacés d'office	De 1 372 euro à 5 336 euro pour un agent avec un enfant à charge	Non soumise à l'impôt	Elle est attribuée même aux agents dont la nouvelle résidence administrative est située entre 20 et 40 km de la précédente *(sic !)*
Indemnités d'enseignement versées aux animateurs d'actions de formation professionnelle	Personnel assurant à titre accessoire des actions de formation professionnelle	De 12,84 euro l'heure à 23,12 euro l'heure	Non soumises aux charges de la Sécurité sociale	Ces indemnités sont payées en plus du salaire mensuel alors que les heures de stage ont lieu pendant les heures de bureau

Nom de la prime	Bénéficiaires	Taux	Charges	Remarques
Indemnités de conseil	Agents de toute catégorie des services déconcentrés	Variables. Elles peuvent s'élever jusqu'à plusieurs dizaines de milliers d'euro	Non soumises aux charges de la Sécurité sociale	Ces indemnités ne sont pas établies selon des critères fixes. Elles varient en fonction de la mission de « conseil »
Indemnité de renfort	Tous les agents	De 4,70 euro à 13,88 euro par jour	Soumise aux charges et aux impôts	Les critères d'attribution de cette indemnité sont très flous
Indemnité pour frais de bureau	Les directeurs	De 534 à 967 euro par an	Non soumise aux charges et aux impôts	Impossible de savoir à quoi correspondent les « frais de bureau » des directeurs
Attribution indemnitaire	Les receveurs divisionnaires et principaux autonomes	L'attribution indemnitaire est destinée à porter la rémunération annuelle globale des bénéficiaires à 115 % de la rémunération globale moyenne des autres agents, indemnités comprises	Soumise aux charges et aux impôts	Cette prime garantit un revenu permanent au-dessus de la moyenne sans aucun critère d'efficacité
Indemnité de responsabilité	Tous agents gestionnaires	De 650 à 11 200 euro par mois	Non soumise aux charges de Sécurité sociale	C'est une des primes les plus élevées
Indemnité spéciale provisoire	Inspecteurs des impôts débutants	De 730 à 1 460 euro par an	Soumise aux charges sociales et aux impôts	Cette prime représente une véritable prime « d'installation et d'encouragement » lorsqu'on débute la carrière d'inspecteur

Nom de la prime	Bénéficiaires	Taux	Charges	Remarques
Allocation annuelle et mensuelle	Stagiaires	De 615 à 938 euro par an	Soumise aux charges et aux impôts	
Indemnité mensuelle de technicité	Tous agents	577 euro par an	Soumise aux impôts et charges sociales	Selon cette prime, tous les agents auraient un travail « technique »
Allocation de frais	Agents d'exécution	De 354 à 752 euro par an	Non soumise aux charges sociales	Cette prime est allouée aux agents qui se sont distingués dans la lutte contre « la fraude »
Prime d'intéressement	Tout le personnel des conservations des hypothèques à l'exclusion des conservateurs	De 300 à 2 000 euro	Non soumise aux charges sociales	Impossible de savoir le but de l'intéressement
Allocation complémentaire à certains personnels	Receveurs des impôts	De 493 à 2 812 euro par an	Soumise aux impôts et aux charges sociales	Une allocation complémentaire sans fondement véritable
Allocation normale	Collaborateurs des comptables	De 293 à 980 euro par an	Non soumise aux charges sociales	Puisque cette prime est « normale », nous n'avons aucun commentaire à faire...

La prime de rendement

Nous avons décidé de traiter séparément cette prime car elle est l'une des plus élevées à être répartie sans un critère « officiel » d'attribution (la fiche interne consacrée à cette prime n'en comporte aucun).

Les bénéficiaires de la prime sont tous les agents de la DGI, à l'exclusion des agents contractuels informaticiens, des correspondants locaux, des receveurs divisionnaires et receveurs principaux autonomes des impôts, des conservateurs des hypothèques, des stagiaires. Elle varie de 1 000 euro à plus de 8 650 euro par an (il y a une différence entre les montants en province et ceux à Paris, en moyenne de 200 euro). Voici ci-dessous les montants distribués :

Catégories d'agents	Montant (par an)
Directeurs divisionnaires, inspecteurs principaux et receveurs principaux	8 651 euro
Inspecteurs principaux de 2e classe	7 300 euro
Inspecteurs divisionnaires de classe normale et exceptionnelle	6 680 euro
Receveurs principaux	6 570 euro
Receveurs principaux de 2e classe	5 840 euro
Inspecteurs du 8e au 10e échelon	4 928 euro
Inspecteurs du 1er au 7e échelon	4 015 euro
Contrôleurs principaux, catégorie A	4 021 euro
Contrôleurs de 1re classe	3 583 euro
Contrôleurs de 2e classe	2 707 euro
Contrôleurs principaux, catégorie B	2 853 euro
Contrôleurs de 1re classe	2 524 euro
Contrôleurs de 2e classe	2 269 euro
Agents de constatation ou d'assiette principaux	1 684 euro
Agents administratifs et agents des services techniques	1 575 euro
Agents de catégorie D	1 538 euro
Auxiliaires	1 022 euro

En plus de cette prime de rendement, les agents peuvent toucher différents « compléments de prime de rendement » :

1. Complément de prime de rendement aux agents des ateliers de finition des centres de services informatiques : attribué aux « agents affectés à des travaux de maintenance », le montant peut s'élever jusqu'à 1 095 euro par an (ce complément n'est pas soumis aux charges sociales).

2. Prime de rendement : supplément en faveur des employés supérieurs chargés de l'animation et de la vérification des services. Les bénéficiaires : inspecteurs principaux exerçant les fonctions d'inspecteur principal des services ou de chef de brigade. Montant : 1 205 euro par an (non soumise aux charges sociales).

3. Complément aux inspecteurs divisionnaires exerçant les fonctions de responsable ou d'adjoint de responsable de centre. Montant : de 365 à 949 euro par an.

4. Prime de rendement : allocation complémentaire aux agents du cadre B exerçant « certaines responsabilités ». Montant : 730 euro par an.

5. Prime de rendement : supplément en faveur des employés supérieurs chargés de l'animation et de la vérification des services. Montant : de 730 à 1 205 euro par an.

6. Prime de rendement : attribution complémentaire des agents de direction. Montant : de 3 103 à 4 015 euro par an.

7. Complément de prime de rendement aux opérateurs photogrammètres. Montant : 865 euro par trimestre.

En plus des primes mentionnées plus haut, les agents des impôts bénéficient d'autres indemnités des plus cocasses. En voici quelques-unes :

– Allocation pour renseignements sommaires urgents. Elle peut atteindre 3 048 euro par an.

– Primes de fonctions : De 1 696 à 5 798 euro par an.

– Indemnité d'assiette : Un mois de traitement brut en plus.

– Allocation spéciale fixe et abondement indemnitaire : De 156 à 1 720 euro par an.

– Prime de fidélité *(sic)* : De 548 à 1 095 euro par an.

– Indemnité exceptionnelle : Elle compense les effets de la hausse de la CSG !!!

– Allocation spéciale revenant aux personnels chargés de l'information du public : Versée sous forme d'indemnité journalière, elle s'élève jusqu'à 25 euro par jour. Donc, pour s'occuper du public, il faut, en plus du salaire, une prime !

– Allocation mensuelle spécifique. Montant : de 301 à 905 euro par an (non soumise aux charges sociales).

– Complément exceptionnel de localisation spécifique en province : 6 860 euro (non imposables !)

– Prime spéciale d'installation : Le montant est égal au traitement brut mensuel. Elle se rajoute au complément exceptionnel de localisation en province et de l'indemnité de résidence.

Et ce n'est pas tout... Pour éviter tout surmenage, malgré les primes incitatives, les agents des Impôts disposent de toute une série d'autorisations d'absence dont nous avons déjà vu la liste impressionnante dans le chapitre 2 de la deuxième partie.

S'il existe une consolation pour le ministère des Finances, c'est que les tableaux dressés par la Cour des comptes des autres ministères examinés, par exemple celui des Affaires étrangères, sont aussi truffés d'abus et d'illégalités. Mais peut-être est-ce parce qu'ils ont suivi l'exemple du ministère qui aurait dû être leur mentor et leur modèle et n'est plus que leur complice ?

Chapitre III

Un Parlement irresponsable, source de l'anarchie

En 1958, le général de Gaulle fait voter une nouvelle Constitution qui retire au Parlement la plupart de ses pouvoirs et les confie au gouvernement. Que ce bouleversement ait été justifié par l'instabilité chronique des gouvernements de la IVe République, dont les ministères ne duraient parfois que quelques semaines, nul ne le conteste. Mais le balancier a été en quelque sorte trop loin.

En concentrant tous les pouvoirs ou presque sur le gouvernement, le Général voyait la France dirigée par des hommes ayant sa carrure et sa passion pour l'intérêt général, pas par des politiciens dont le premier souci est leur carrière, ce qui est pourtant la norme dans une démocratie. Il n'imaginait donc pas le vide qu'allait créer ce monopole du pouvoir confié au gouvernement, vide dans lequel allaient s'engouffrer les syndicats.

En effet, depuis 1958, le Parlement ne joue plus qu'un rôle secondaire, on pourrait même dire un rôle de figurant. Toutes les décisions sont prises par le gouvernement et les ministres.

En vertu de l'article 40, aucune dépense ne peut être votée qui n'ait reçu l'aval du gouvernement et, en outre, celui-ci est maître de l'ordre du jour des Assemblées. C'est dire que pratiquement aucune mesure, aucune réforme, ne peut être introduite sans l'aval du gouvernement.

Mais qu'est-ce que le gouvernement ?

Ce sont des ministres qui ont été le plus souvent sélectionnés pour des raisons politiques et non pour leur compétence dans les domaines dont l'État leur confie la charge. Dès leur nomination, ils deviennent pratiquement les otages des fonctionnaires des administrations qu'ils supervisent, fonctionnaires le plus souvent inconnus du grand public et dont l'avancement est conditionné par un préalable : « pas de vagues ». Dans ce contexte, que peut faire un haut fonctionnaire ou un ministre lorsqu'un syndicat s'oppose à ses projets ?

Un exemple très frais est celui de la réforme du régime des retraites. Le Premier ministre Jean-Pierre Raffarin pavoise pour avoir obtenu un allongement de la durée des cotisations qui aligne le public sur le privé. Mais après quelle bataille, quelles grèves qui ont en partie paralysé le pays et alors que l'essentiel de l'alignement des retraites du public sur le privé reste à fairc[1] ct que le trou que crée cette inégalité dans les finances publiques va continuer à se creuser !

Mais peut-on reprocher à un ministre, même à un Premier ministre, d'être faible ? Après tout, sachant qu'il

1. Les syndicats ont obtenu l'incorporation des primes dans le calcul des retraites et, du fait des modes de calcul, le public partira en retraite avec une retraite représentant environ 80 % du dernier traitement, le privé avec 45 %. Et cela, sans compter les innombrables avantages complémentaires des fonctionnaires : l'indexation, la possibilité de pratiquer un nouvel emploi, etc.

n'est là qu'à titre temporaire, son premier, pour ne pas dire son seul problème, est de durer[1] et ce n'est donc pas d'un ministre ou d'un gouvernement qu'il faut attendre, sauf exception, des réformes en profondeur, surtout quand ces réformes doivent s'attaquer en priorité à ceux qui font la politique du gouvernement, qui sont l'État : les fonctionnaires.

L'impuissance de l'État, le vide qui construit la puissance des syndicats, c'est l'inexistence d'un patron de nos administrations, patron qui ne peut pas être le gouvernement, les ministres mais seulement le Parlement.

Le Parlement a abdiqué ses responsabilités

Nos parlementaires sont en effet chargés par la Constitution de faire que l'argent public soit utilisé au mieux de l'intérêt collectif. La réalité, c'est qu'ils sont incapables de remplir cette mission.

Les budgets des différents ministères sont en principe préparés et contrôlés au sein de la commission des Finances de chacune des deux assemblées (Assemblée nationale, Sénat) par une quarantaine de parlementaires appelés rapporteurs spéciaux.

Pour les aider dans ce travail, les rapporteurs disposent de l'assistance d'administrateurs, fonctionnaires de carrière recrutés sur un concours parallèle à celui de l'ENA. Mais leur nombre total est de 23 pour la commission des Finances de l'Assemblée nationale, soit environ un demi-administrateur par rapporteur.

Et le champ qu'ils ont à couvrir est énorme : un seul administrateur couvre par exemple le ministère de la

1. On prête à Jean-Pierre Raffarin la phrase : « Pour un Premier ministre, la fin de la semaine, c'est déjà une éternité... »

Coopération, aujourd'hui intégré au Quai d'Orsay, celui de la Justice et celui de la Fonction publique ; un autre, le ministère des Anciens Combattants, le SGDN (Secrétariat général de la Défense nationale) et l'ensemble de la Défense.

Ces administrateurs ont non seulement à analyser les dépenses mais aussi à préparer les textes, les projets d'amendements, etc. Autant dire qu'ils n'ont absolument pas le temps de se créer une information indépendante sur les administrations dont ils ont la charge, encore moins d'aller les contrôler.

Le voudraient-ils qu'en l'état actuel des textes, ils ne le pourraient pas, le pouvoir de contrôle sur place étant l'apanage exclusif du rapporteur spécial qui ne peut le déléguer... et bien sûr ne peut l'exercer ; car aucun parlementaire n'a le temps de faire ce que nécessiterait un contrôle des administrations : plusieurs centaines d'heures sur place. Tout au plus peuvent-ils faire quelques incursions éclair.

Résultat : le parlementaire s'appuie sur son ou ses administrateurs qui, à leur tour, dépendent, pour leur information, des administrations – avec lesquelles il est donc vital pour eux de garder de bons rapports.

Et la boucle est bouclée : ce sont les contrôlés, les administrations, qui dictent littéralement au contrôleur, le rapporteur spécial, leurs conclusions. Et les rapporteurs spéciaux sont totalement conscients de la futilité de l'exercice ; comme le formule l'un d'entre eux à propos du budget 2003 : sur un budget qui dépasse les 200 milliards d'euro, la commission des Finances n'a pas modifié 100 millions d'euro.

L'incapacité du Parlement à contrôler et maîtriser la dépense publique, donc les administrations, ressort encore plus clairement si l'on compare les moyens de contrôle dont dispose le Parlement et ceux de la Cour des comptes. On l'a vu : l'ensemble de la commission des

Finances de l'Assemblée nationale (et le Sénat n'est pas mieux loti) est servi par 23 administrateurs[1] ; la Cour des comptes, elle, regroupe 600 personnes dont 200 auditeurs, conseillers ou conseillers-maître plus 700 personnes réparties entre 25 chambres régionales des comptes : elle dispose donc de 10 à 20 fois plus de moyens de contrôle que le Parlement.

Ce n'est pas le rôle de la Cour des comptes

Mais alors, dira-t-on, n'est-ce pas à la Cour de faire ce contrôle que le Parlement ne sait pas assurer ? Pour ce qu'on appelle le contrôle de légalité, oui. Pour le contrôle de l'efficacité de la dépense publique et de la bonne gestion des administrations, définitivement non.

Le contrôle de légalité, c'est s'assurer que l'argent de l'État a bien été dépensé suivant les règles, même si ce sont des dépenses totalement inutiles ou que le résultat aurait pu être atteint pour dix fois moins de dépenses. C'est ce type de contrôle que la Cour a exercé lorsqu'elle a dénoncé les primes illégales données au personnel du ministère des Finances ou l'utilisation pour le paiement de ces primes de recettes hors budget. La Cour est bien équipée pour le contrôle de légalité car, organe judiciaire, elle dispose de pouvoirs de sanction sur les fonctionnaires responsables.

Elle n'a par contre aucun levier pour lutter contre un usage légal mais inefficace de l'argent public, sauf de

1. C'est ainsi que la même personne a le contrôle et le suivi des Anciens Combattants, du Secrétariat général de la Défense nationale et de l'énorme budget de la Défense ; une autre celui du ministère de la Coopération au sein des Affaires étrangères, de la Justice et de la Fonction publique.

publier des rapports qui font la une des journaux mais sont aussitôt oubliés.

Le seul organisme qui ait le pouvoir de sanction est le Parlement car il peut ne pas reconduire le budget ; mais, dans l'état actuel des choses, il n'a aucun moyen d'identifier où sont les gâchis.

Certains ont proposé une collaboration entre les deux organismes mais c'est du bricolage car, de par la Constitution, la Cour appartient à l'ordre judiciaire et ne peut recevoir aucune instruction du Parlement en vertu du sacro-saint principe de la séparation des pouvoirs.

C'est ainsi qu'un certain nombre de scandales perdurent, que le Parlement continue de voter des budgets d'organismes dont il ne sait pas comme ils fonctionnent ; il est la première victime – et le reste de la nation avec lui – d'une désinformation systématique cultivée par les administrations et leurs syndicats. L'un des cas les plus typiques est celui de l'ANPE qui, comme son homologue allemand, annonce des résultats en termes de placement de chômeurs cinq à dix fois plus élevés que la réalité. À la suite d'un rapport de leur Cour des comptes, le chancelier Schröder a fini par licencier le directeur général et supprimer le monopole du placement confié à cet organisme et qui stérilise le marché de l'emploi. On attend encore que nos parlementaires ouvrent les yeux...

C'est bien ce qu'ont compris de longue date les Parlements étrangers, comme celui de nos voisins anglais où une commission de la Chambre est chargée du contrôle de la dépense publique et est assistée, pour le contrôle de l'efficacité, par environ 300 personnes appartenant au National Audit Office (NAO) dépendant du Parlement, sous la direction d'un auditeur général.

Pour illustrer la différence dans l'ampleur des moyens mis en œuvre pour contrôler les administrations, la commission des Finances de l'Assemblée nationale dispose d'un budget pour faire appel à des experts inférieur à 600 000 euro. Le NAO, lui, pour le contrôle de l'efficacité, dispose d'un budget d'environ 25 millions d'euro (complétés par un budget de 65 millions pour le contrôle de légalité, 50 % de plus que le propre budget de notre Cour des comptes qui est de 40 millions).

Mais outre la différence dans l'ampleur des moyens mis en œuvre, le NAO a développé des méthodes qui rendent ses contrôles beaucoup plus productifs en matière de résultats.

Ses 300 économistes, statisticiens, ingénieurs chargés du contrôle de l'efficacité sont organisés par groupe de trois ou quatre et se livrent à l'examen, en grande partie sur place, d'une quarantaine de directions d'administrations ou d'agences, chaque année. Chaque examen dure des mois, voire des années car le diable est dans les détails.

Ce n'est jamais à la première visite ou au cours d'un interrogatoire public que l'on découvre la vérité sur une administration, mais après des centaines ou des milliers d'heures d'enquête, de comparaisons chiffrées. Vouloir faire plus court, c'est à coup sûr se faire abuser, ce qui est monnaie courante, dont, il faut le dire à regret, se nourrissent nos parlementaires.

Lorsque l'enquête est bouclée, le NAO envoie un prérapport au service enquêté, en lui demandant quelles sont les suggestions sur lesquelles il y a désaccord ; celles-là feront l'objet d'un débat en séance publique, en présence des médias, devant la commission chargée du contrôle. Le chef du service enquêté est alors confronté à un redoutable dilemme : accepter ou refuser, au risque d'être mis au pilori. D'après l'auditeur général, 95 % des propositions du NAO sont ainsi acceptées avant même d'être discutées devant la commission.

Nous sommes loin des rapports de la Cour des comptes où les administrations impliquées se bornent le plus souvent à répondre dans un langage qui rappelle fortement la langue de bois.

Avec un tel mécanisme, si tout simplement le Parlement faisait son travail de contrôle de la dépense publique, nous n'aurions pas en France 900 corps d'administration, chacune avec ses règles différentes, les ministres et le gouvernement pourraient s'adosser à une institution capable de tenir tête aux syndicats : le Parlement.

Aujourd'hui, nous demandons à des hommes seuls, les ministres, d'affronter des organisations entraînées à la manifestation de rue, à la grève, à la manipulation.

Nous sommes fous ou inconscients.

Ce n'est pas à eux de mettre les syndicats à la raison et de faire évoluer un syndicalisme révolutionnaire vers un syndicalisme réformateur. Cette responsabilité appartient aux représentants des citoyens, aux parlementaires. Ce sont eux les patrons des administrations. S'ils faisaient leur travail de contrôle, nous n'en serions pas arrivés à cette situation de quasi-anarchie où l'État laisse faire parce que personne ne sait ce qui se passe dans nos services publics, qu'il s'y est créé un vide du pouvoir et de l'autorité.

La force des syndicats en France ne résulte pas de leur valeur ou de leur vigueur, mais de la démission de l'État, de l'abandon de ses responsabilités par la représentation parlementaire. C'est le vide de l'autorité étatique qui a créé la dictature syndicale.

Conclusion

Il fallait un courage énorme pour se rebeller contre les dictatures qui ont marqué l'histoire récente. Mais peut-être en faudra-t-il autant pour combattre et réduire cette nouvelle dictature qui ne dit pas son nom. L'enjeu, c'est non seulement l'avenir de leurs victimes, c'est aussi l'avenir d'un vrai syndicalisme dont nous avons besoin pour redonner à la condition salariale un porte-parole dans notre société. Laisser cette responsabilité recroquevillée sur les seuls fonctionnaires, au seul bénéfice de la conservation de leurs privilèges, alors que déjà ils échappent à la condition générale qui est l'incertitude du lendemain, est signer la fin du syndicalisme.

Les premiers auxquels incombe la responsabilité d'un renouveau syndical sont les syndicalistes eux-mêmes. Les syndicalistes français auront fait leur aggiornamento lorsqu'ils auront compris qu'ils sont en train de détruire la fonction publique.

Mais il faut les aider et l'aide la plus efficace peut être celle de leurs victimes. Celles-ci sont en effet les seules à pouvoir se faire entendre des politiques et exiger d'eux les lois qui nous manquent : lois obligeant d'abord à la transparence fiscale, à commencer par l'établissement de comptes et à la possibilité de les contrôler.

Cela permettrait alors au citoyen de se battre avec des moyens moins inégaux contre les abus de grève dans les services publics.

Le paradoxe veut en effet que ce soit les citoyens qui, à travers l'État, les collectivités locales et les services publics, financent pour l'essentiel, comme on l'a vu, les syndicats et paient les salaires des permanents qui défilent dans les rues et forment les piquets de grève dont ces citoyens deviennent les victimes.

La vindicte populaire qui s'est exprimée avec force le 15 juin 2003 du Châtelet à la Concorde trouverait alors un ancrage précis : arrêter les subventions à ceux qui se détruisent et nous détruisent avec.

Faire pression sur nos députés comme l'a fait Contribuables Associés à propos de la proposition de loi Kossowski pour qu'ils arrêtent les crédits du ministère du Travail, les mises à disposition et détachements auprès des syndicats qui auraient transgressé les lois de notre République.

Et peut-être qu'alors un recensement de toutes les victimes de notre nouvelle dictature aura-t-il un sens : pour les indemniser – pourquoi pas ? si l'État est assez faible pour abdiquer ses devoirs – mais aussi pour demander des comptes à nos parlementaires. Car c'est dans le rétablissement des responsabilités de nos représentants que réside notre seul espoir.

Une vision très répandue est que plus le pouvoir d'un État se concentre sur quelques hommes, plus il est fort. Nous sommes influencés non seulement par l'histoire ancienne mais aussi par l'histoire récente, non seulement par nos rois qui, il y a à peine plus de deux siècles, régnaient encore de façon absolue sur la France, mais aussi par les dictatures hitlérienne, mussolinienne et soviétique. Elles ont pu nous donner l'illusion qu'un pouvoir fort peut tout accomplir, détruire une nation mais aussi la remettre sur ses rails.

C'est pourquoi beaucoup recherchent l'homme providentiel qui sortira la France de son déclin et ils l'ont même trouvé quelques années avec Charles de Gaulle.

Mais la concentration du pouvoir entre les mains d'un seul ou même d'un petit groupe est un piège car tout dépend de cet homme et, pour un être exceptionnel, il y a dix médiocres.

Les pays les plus stables et les plus modernes sont ceux où le pouvoir est réparti, où, suivant les règles édictées par Montesquieu, l'exécutif, le législatif et le judiciaire ont égale influence. En France, nous n'avons pas trouvé cet équilibre.

Au Parlement tout-puissant en théorie mais totalement divisé et donc totalement brouillon, inefficace et destructeur de la IVe République, nous avons substitué un président roi, doublé d'un législatif totalement à sa botte, tel qu'aucun souverain absolu n'aurait pu en rêver. Il n'existe plus d'homme politique qui hors du président de la République ait la stature de s'opposer à lui.

Ce n'est pas le cas par exemple aux États-Unis où l'homme dont on dit volontiers qu'il est le plus puissant de la planète doit chaque jour affronter des adversaires presque aussi puissants que lui, notamment les sénateurs qui ont tous leurs sphères d'influence d'envergure nationale, ou les juges de la Cour suprême devant lesquels il doit s'incliner.

Un tel pouvoir ne peut être l'otage de la rue ou de groupes organisés, qu'ils s'appellent francs-maçons ou syndicats.

La force des syndicats est née de cette faiblesse de la Constitution française. Ils se sont réfugiés là où l'État est le plus faible, chez lui, chez les fonctionnaires qui sont censés assurer sa défense, formuler sa politique et l'exécuter.

Parce que, hors du roi président, il n'existe aucun pouvoir fort, l'État ne peut pas se réformer. L'administration ne peut avoir pour patron un homme ; un homme n'a pas l'épaisseur pour résister à la pression d'une multitude, quelle que soit sa stature. On ne peut refaire tous les jours le défilé de la Concorde à l'Étoile qui a permis à de Gaulle de reprendre la main en 1968. On ne peut tous les jours descendre dans la rue pour défendre la liberté et la démocratie. Les fonctionnaires, payés par l'État, qui ne courent pas le risque de perdre leur emploi, eux le peuvent.

C'est donc à un rééquilibrage des pouvoirs de l'État qu'il faut s'employer si l'on veut libérer la France de la dictature des syndicats.

Ceux-ci ne sont forts que parce que l'État est faible, et si l'État est faible, c'est parce que quelqu'un peut encore dire : l'État, c'est moi.

Le seul patron capable de réformer l'administration et de combler la vacance de pouvoir qui fait la force des syndicats n'est pas le gouvernement, ce ne sont même pas les hommes qui forment le gouvernement car gouverner, c'est seulement survivre, c'est une institution plus forte que les hommes qui, en démocratie, s'appelle le Parlement car lui seul a les pouvoirs de voter le budget dont vivent les fonctionnaires.

C'est à lui d'assumer ses responsabilités.

Sauf à changer une fois de plus de Constitution, ce qui n'est ni réaliste ni souhaitable, c'est dans cette direction qu'il faut œuvrer : rendre au Parlement les pouvoirs qu'il a perdus, celui de voter la dépense et de demander des comptes.

La loi organique votée en 2001, dite LOLF[1], n'est qu'une demi-mesure ou même une fausse mesure car elle présuppose que l'administration saura se discipliner d'elle-même.

1. Loi organique relative aux lois de finances.

C'est une utopie. L'administration ne se réformera que sous la pression de celui qui vote ses moyens et ses budgets, le Parlement. Et c'est à la société civile de créer la pression nécessaire pour que le Parlement reprenne ses droits.

C'est à ce prix et à ce prix seulement que nous pouvons nous débarrasser de la dictature de syndicats qui ne font que défendre leurs privilèges et retrouver des organisations tournées vers leur vraie mission : l'innovation sociale et la construction de l'avenir.

L'iFRAP

Ce livre a été rendu possible grâce aux enquêtes accumulées par l'Institut français pour la recherche sur les administrations publiques, l'iFRAP, qu'en tant que chef d'entreprise j'ai créé en 1985 pour lutter contre le trop d'État ou, plutôt, pour « moins d'État pour mieux d'État », suivant notre devise.

L'iFRAP est la première *think-tank* française, par son ancienneté, ses moyens (une équipe d'économistes, de juristes et de statisticiens) et son rayonnement : ses enquêtes suscitent chaque année des questions écrites au Parlement, des propositions de loi et sont reprises dans les médias.

Apolitique, l'Institut ne reçoit aucune subvention et vise à faire entendre la voix de la société civile, trop souvent absente de la scène publique. En laissant politiques et hauts fonctionnaires garder le monopole de l'intérêt général, en leur abandonnant la maîtrise de l'information publique, la société civile a laissé s'instaurer un régime d'irresponsabilité.

Ce n'est pas le cas dans les pays étrangers et notamment dans les pays anglo-saxons où des dizaines d'organismes comme l'iFRAP mènent en permanence des enquêtes pour mesurer l'efficacité de l'État. La prospérité des sociétés étrangères n'est pas le fruit d'un miracle mais de la vitalité d'une société civile qui s'est défendue et a défendu ses libertés, libertés dont la première est celle d'entreprendre.

Mais la critique n'a de valeur que si elle s'appuie sur des faits. C'est donc à travers sa publication mensuelle, *Société civile*, que l'iFRAP peut révéler les résultats de ses enquêtes, faire état de témoignages et d'initiatives de la société civile en France et à l'étranger (emplois jeunes, vrais chiffres du chômage, éducation, retraites...).

C'est grâce aux contributions de lecteurs comme vous que nous pouvons poursuivre notre travail pour une société plus transparente et plus solidaire.

iFRAP
5, rue Cadet
75009 Paris
tél. : 01 42 33 29 15
contact@ifrap.org
www.ifrap.org

Table

Du même auteur

Développement de l'entreprise et innovation,
Éditions Hommes et Techniques, 1969

À tout fonctionnaire son chômeur,
Odilon Média, 1998

Les Profiteurs de l'État,
Plon, 2001

Contrôle fiscal : le piège
iFRAP/L'Harmattan, 2001

Les Fabricants de chômage,
Plon, 2002

Composition Nord Compo
et impression Bussière Camedan Imprimeries
en octobre 2003.
N° d'édition : 22058. – N° d'impression : 034927/4.
Dépôt légal : octobre 2003.
Imprimé en France.